다독과 논술 준비를 위해 꼭 배워야 할

제일 빠른 속독법
그대로 따라하기

초급 과정
속독 최고의 실용서!

한국두뇌개발교육원·한국기억술연구원 손 동 조 지음
한국 최초 기억법 창시자 손 주 남 감수

BM (주)도서출판 성안당

머리말

저자는 2002년 10월에 새롭게 「초스피드 속독법」을 출간하고, 이어 그 다음 단계인 「마인드 속독법」을 출간하였습니다. 그리고 나서, 어린이들을 위한 「주니어 속독법」을 출간하여 어린이들과 학부모님, 선생님의 많은 사랑을 받았습니다. 그 다음에 전문적인 기억술을 위해, 「초스피드 기억법」과 「천 개 공식 연상 기억법」, 「한자 연상 기억법」의 출간으로 속독 기술을 전문 분야까지 활용해 보았습니다.

독서의 기술적인 방법을 책으로 낸 이유는, 다양한 분야의 어른들이 우리나라 어린이들을 걱정하는 데에서 시작되었습니다. 주입식 교육에서 해방되어 좀더 자발적이고 창의적인 사고력을 바탕으로 학습에 도움이 되는 방향으로 방법을 연구한 끝에 나온 결정체입니다.

저자의 책은 속독의 이론보다 실제적이고 기술적인 단계로 구성되어 있습니다. 그래서, 많은 분들이 '최고의 속독 실용서' 혹은 '속독 바이블'로 칭찬하였으며, 독자들이 꾸준하게 속독법을 훈련하고 학습에도 활용하여 독서능력의 배 이상의 학습 효과가 있다는 수 많은 감사의 편지를 받았습니다.

그런데, 가장 큰 고민은 초등학생이었습니다. 책을 처음 내놓을 때는 학부모님이 당연히 지도해 주시리라 생각했는데, 직접 지도할 수 있는 경우는 여건상 극히 드문 것을 알게 되었습니다. 그리하여, 교육일선에서 속독법 교육을 하는 선생님, 특기적성 교육을 담당하는 선생님, CA 활동이나 방과 후 활동을 담당하는 선생님 등 여러분의 의견을 받아들여, 학생들을 위한 단계별 교재를 초급, 중급, 고급으로 만들어 다시 독자 여러분과 만나게 되었습니다.

The Super Speed Reading

　저자는 요즘 신문이나 방송에서 연일 접하는 서술·논술·구술에 대한 기사를 보면서 학부모님이나 선생님, 학생들이 또 다른 큰 고민에 빠졌다는 것을 알고 매우 안타깝게 생각합니다. 책을 폭넓게 읽고, 사고력이나 창의력으로 자기 생각이나 주장을 제대로 바르게 쓰고, 이야기하여야 될 것인데 그렇지 못한 것을 보게 되기 때문입니다. 모든 교과목들은 서로 연관성이 있고, 또 교과목을 보충하는 내용의 책들도 많이 있으므로 다양한 분야의 독서를 통하여 간접경험을 하고, 지식기반을 다진다면 서술과 논술·구술은 결코 생소한 것이 아닙니다. 올바른 독서법이야 말로 세계화 시대의 경쟁력 있고, 생산성 향상을 위한 교육의 첩경이고 앞서가는 선진교육이라고 봅니다.

　이제야 말로 모두가 독서의 힘으로 논술을 준비할 때입니다. 서점에 가면 학생들이 쪼그리고 앉아 책을 읽는 모습이 참으로 대견스럽기만 합니다. 최근 신문 보도를 보면 여론 조사기관인 NOP 월드가 세계 30국 중에 13세 이상 3만 명을 대상으로 면접한 결과 한국 국민의 독서 시간은 일주일에 3.1시간으로 조사되어 30개국 중에 최하위로 조사되어 있습니다. 우리나라 국민의 독서에 대한 통계가 이렇게 낮은 것을 보고 저자는 매우 안타깝게 생각하였습니다. 이제는 온 국민이 하루에 20분이나 30분 정도라도 자기 발전을 위하여 꾸준히 책과 함께 여행을 하는 시간을 꼭 계획할 때라고 생각합니다.

　적은 시간에 많은 독서를 할 수 있는 여유와 방법을 이 책은 찾아드릴 것입니다. 이 책을 읽는 이마다 올바른 속독법을 익혀 큰 학습효과를 거두시기 바랍니다.

저자　손 동 조

초급 차례 Contents

I 속독법의 이해와 속독 기본 훈련

속독의 필요성	10
실전 글자 인지 능력 훈련의 중요성	11
속독 훈련을 위한 바른 자세	13
뇌(腦)로 보는 집중력 수련법	14
뇌(腦)로 보는 정신 집중 수련 도표	15
소중한 눈을 지키기 위한 "눈" 건강법	16
눈 지압법	17
초급 1단계 기본 안구 운동 ①호	18
초급 1단계 기본 안구 운동 ②호	20
속독과 독서력 향상을 위한 나의 진단	22
1단계 눈 체조 설명	23
눈 체조 기호 ❶ 삼각구도	24
눈 체조 기호 ❷ 좌 → 우	25
눈 체조 기호 ❸ 상 → 하	26
집중력 향상을 위한 두뇌 훈련	27
거꾸로 읽기 집중력 훈련	
훈련 기록표	28

II 숫자·기호·한 글자 인지 훈련

스캐닝 기법	31
숫자 인지 능력 일 단위 훈련표 ❶	32
숫자 인지 훈련 기록표	33
숫자 인지 능력 일 단위 훈련표 ❷	34
숫자 인지 훈련 기록표	35

기호 인지 시야 확대 초급 단계

기본 훈련 ❶ ☆☆☆☆☆☆☆☆	36
기본 훈련 ❷ ♣♣♣♣♣♣♣♣	37
기본 훈련 ❸ ♡♡♡♡♡♡♡♡	38
기본 훈련 ❹ ◎◎◎◎◎◎◎◎	39
기본 훈련 ❺ ◆◆◆◆◆◆◆◆	40
기본 훈련 ❻ ❖❖❖❖❖❖❖❖	41
기본 훈련 ❼ ◉◉◉◉◉◉◉◉	42
기본 훈련 ❽ ◐◐◐◐◐◐◐◐	43
기본 훈련 ❾ ✱✱✱✱✱✱✱✱	44
기본 훈련 ❿ ▲▲▲▲▲▲▲▲	45
훈련 기록표	46

한 글자 인지 훈련 초급 단계

빠른 속독을 위해 단어 인지 능력 향상

훈련 ❶	차·용·말	48
훈련 ❷	밤·차·코	49
훈련 ❸	감·배·양	50
훈련 ❹	차·감·닭	51
훈련 ❺	산·코·용	52
훈련 ❻	개·말·차	53
훈련 ❼	코·책·컵	54
훈련 ❽	소·코·양	55
훈련 ❾	용·눈·귤	56
훈련 ❿	책·봄·개	57
인지 능력 향상을 위한 단어 훈련 기록표		58

III 글자 인지 시야 확대 훈련

훈련 ❶	책~보름달	60
훈련 ❷	용~모닥불	62
훈련 ❸	옥~이모부	64
훈련 ❹	콩~경포대	66
훈련 ❺	길~보일러	68
훈련 ❻	깨~남태령	70
훈련 ❼	흙~하늘색	72
훈련 ❽	소~자전거	74
훈련 ❾	밤~장난감	76
훈련 ❿	파~우등생	78
시야 확대 1글자~3글자 인지 훈련 기록표		80

The Super Speed Reading

단어 인지 집중력 두뇌 테스트 훈련 ❶	82
단어 인지 & 집중력 두뇌 테스트 기록표	83
두뇌 체조 글자 색 집중력 훈련 ❶호	84
스피드 & 집중력 향상을 위한 훈련 기록표	85

Ⅳ 한 줄 글자 인지 훈련

훈련 ❶	180글자	89
훈련 ❷	360글자	90
훈련 ❸	540글자	91
훈련 ❹	720글자	92
훈련 ❺	900글자	93
훈련 ❻	1,080글자	94
훈련 ❼	1,260글자	95
훈련 ❽	1,440글자	96
훈련 ❾	1,620글자	97
훈련 ❿	1,800글자	98
한 줄 글자 기호 인지 훈련 기록표		99
글자 인지 능력 훈련표 1호		100

Ⅴ 한 줄 글자 내용 인지 훈련

훈련 ❶호	가나다순 한 줄 트레이닝	105
훈련 ❷호	곰과 머리 좋은 여우	106
훈련 ❸호	곰과 머리 좋은 여우	107
훈련 ❹호	은혜 갚은 개미와 개구리	108
훈련 ❺호	은혜 갚은 개미와 개구리	109
훈련 ❻호	은혜 갚은 개미와 개구리	110
훈련 ❼호	나라와 민족을 위한 애국자	111
훈련 ❽호	나라와 민족을 위한 애국자	112
훈련 ❾호	나라와 민족을 위한 애국자	113
훈련 ❿호	나라와 민족을 위한 애국자	114
한 줄 글자 내용 인지 훈련 기록표		115

Ⅵ 실전 속독 이해도 테스트(1)

단군 신화 ①	119
이해도 테스트	124

여우와 꼬리 ②	126
이해도 테스트	128
글자 인지 시야 확대 1글자~3글자	
훈련❷	130
시야 확대 1 글자~3 글자 인지훈련 기록표	132
단어 인지 집중력 두뇌 테스트	
훈련❷	134
단어 인지 & 집중력 두뇌 테스트 기록표	135
두뇌 체조 글자색 집중력 훈련 ❷호	136
스피드 & 집중력 향상을 위한 훈련 기록표	137

Ⅶ 두 줄 글자 인지 훈련

훈련 ❶호	192글자	141
훈련 ❷호	384글자	142
훈련 ❸호	576글자	143
훈련 ❹호	768글자	144
훈련 ❺호	960글자	145
훈련 ❻호	1,152 글자	146
훈련 ❼호	1,344글자	147
훈련 ❽호	1,536글자	148
훈련 ❾호	1,728글자	149
훈련 ❿호	1,920글자	150
두 줄 글자 기호 인지 훈련 기록표		151
글자 내용 인지 능력 훈련표 2호		152

Ⅷ 두 줄 글자 내용 인지 훈련

훈련 ❶호	호랑이와 은혜 갚은 들쥐	157
훈련 ❷호	호랑이와 은혜 갚은 들쥐	158
훈련 ❸호	욕심 많은 개	159
훈련 ❹호	욕심 많은 개	160
훈련 ❺호	까마귀와 여우	161
훈련 ❻호	까마귀와 여우	162
훈련 ❼호	황소를 흉내낸 엄마개구리	163
훈련 ❽호	황소를 흉내낸 엄마개구리	164

훈련 ❾호	황소를 흉내낸 엄마개구리	165	글자 인지 능력 훈련표 3호	204
훈련 ❿호	광개토대왕	166		
두 줄 글자 기호 인지 훈련 기록표		167		

IX 실전 속독 이해도 테스트(2)

고구려의 시조 동명성왕 ③	171
이해도 테스트	176
농부와 아들 ④	178
이해도 테스트	180

글자 인지 시야 확대 1글자~3글자
훈련 ❸	182
시야 확대 1 글자~3 글자 인지 훈련 기록표	184

단어 인지 집중력 두뇌 테스트
훈련 ❸	186
단어 인지 & 집중력 두뇌 테스트 기록표	187

두뇌체조 글자색 집중력 훈련 ❸호 188
스피드 & 집중력 향상을 위한 훈련 기록표 189

X 세 줄 글자 인지 훈련

훈련 ❶호	180 글자	193
훈련 ❷호	360글자	194
훈련 ❸호	540글자	195
훈련 ❹호	720 글자	196
훈련 ❺호	900글자	197
훈련 ❻호	1,080글자	198
훈련 ❼호	1,260글자	199
훈련 ❽호	1,440글자	200
훈련 ❾호	1,620글자	201
훈련 ❿호	1,800글자	202
세 줄 글자 기호 인지 훈련 기록표		203

XI 세 줄 글자 내용 인지 훈련

훈련 ❶호	태양과 바람의 대결	209
훈련 ❷호	태양과 바람의 대결	210
훈련 ❸호	태양과 바람의 대결	211
훈련 ❹호	태양과 바람의 대결	212
훈련 ❺호	영리하고 머리좋은 까치	213
훈련 ❻호	영리하고 머리좋은 까치	214
훈련 ❼호	나무꾼과 배고픈 여우	215
훈련 ❽호	나무꾼과 배고픈 여우	216
훈련 ❾호	나무꾼과 배고픈 여우	217
훈련 ❿호	김유신 장군	218
훈련 기록표		219

XII 실전 속독 이해도 테스트(3)

김유신과 세 신령님 ⑤	223
이해도 테스트	228
토끼와 산비둘기 ⑥	230
이해도 테스트	232

XIII 부록

실전 속독 독해(讀解) 능력 테스트표	236
실전 속독 독해 훈련 테스트 ①	237
초급 정답	240
제일 빠른 속독법 인증 급수표	241
읽고 싶은 책 속독 이해도 측정 정답	242
독후감이란?	243
초등학교 1,2,3학년 권장 도서 목록	244

I

속독법의 이해와 속독 기본 훈련

- 속독의 필요성
- 실전 글자 인지 능력 훈련의 중요성
- 속독 훈련을 위한 바른 자세
- 뇌로 보는 집중력 수련법
- 뇌로 보는 집중력 수련 도표
- 소중한 눈을 지키기 위한 "눈"건강법
- 속독법 훈련을 도와 주는 눈 지압법
- 1단계 기본 안구 운동
- 속독과 독서력 향상을 위한 나의 진단
- 눈 체조 설명
- 눈 체조 기호
- 집중력 향상을 위한 두뇌 훈련

The Super Speed Reading

속독의 필요성

　우리는 바야흐로 정보의 홍수시대에 살고 있습니다. 매일 쏟아져 나오는 신문, 잡지, 각종 서적, 인터넷 매체의 글 등…… 그 수를 헤아릴 수 없을 정도입니다. 특히 서점에 쌓여 있는 책들을 보면 "이 책을 언제 다 읽나?"하는 걱정마저 앞섭니다.

　하지만, 걱정만 하거나 포기하고 있을 수는 없는 것입니다. 적극적으로 문제 해결의 방법을 찾아야 합니다. 그 중 하나가 독서 능력을 개발하는 것입니다. 빠르고 정확하게 읽는 속독 능력을 습득하여 많은 서적 가운데서 핵심 정보를 골라내는 것은 우리 인생의 소중한 자산이 될 것입니다.

　책을 빨리 읽게 되면 많은 활자를 대하는 것이 부담스럽지 않을 뿐더러 집중력 향상, 공부에 대한 흥미도 유발되어 일석이조, 일석삼조의 효과를 거둘 수 있습니다.

　이 책에서 소개하고 있는 속독 프로그램을 충실히 하다보면 어느 새 책을 빨리 읽게 된 자신을 발견할 수 있을 것입니다. 다양한 훈련 프로그램은 다른 속독 프로그램에 비해 탁월하다고 할 수 있습니다. 우리 모두 속독능력을 갖추어 정보의 홍수 속에서 보석같은 정보를 파악해 낼 수 있는 21세기 문화인이 됩시다. 그리하여 무엇과도 바꿀 수 없는 자산인 지식과 지혜를 갖추어 나갑시다.

　"자, 이제 속독의 세계에 한번 빠아져 봅시다!!"

속독법을 배운 수험생　최은영

Choi

실전 글자 인지 능력 훈련의 중요성

글자 인지 능력 훈련에 있어서는 시야(視野 : 눈에 보이는 범위)가 흐르는 지점에 어떠한 내용이 있는지를 간파(看破 : 꿰뚫어 보아 미리 내용을 알아차림)하면서 빠르게 이해 중심으로 훈련하는 것이 중요합니다. 왜냐하면 글을 읽으면서 책의 내용을 완전히 파악하는 동시에 이해능력이 향상되기 때문입니다.

글자 인지 훈련은 모든 글자를 함축성(含蓄性 : 글 중에 어떤 뜻이 함축되어 있는 성질)에 의해 이해하게 되고 전체 내용이 시야에 들어오는 훈련이 동시에 이루어져야 합니다. 또한 시야 확대 훈련과 병행(竝行 : 글자 인지 훈련과 같이 함)하여 연습하는 것을 잊지 말아야 합니다. 글자 인지 훈련과 시야 확대 훈련을 2~3일 정도 한 후 실전 속독 훈련으로 자신의 속독능력을 평가해 보세요. 초기단계에서도 속독의 효과를 느낄 수 있을 것입니다.

실전 속독 훈련- 책읽기는 본인이 읽고 싶은 책으로 연습하는 것이 효과적입니다. 생소한 내용보다 어느 정도 이해가 가능한 책, 혹은 활자가 크고 그림이 많은 책 등으로 읽기 훈련을 합니다.

저학년인 경우에는 내용이 쉽고 짧은 전래 동화나 우화 또는 단편 동화 등을 반복하여 읽고 인상 깊은 구절이나 문장을 생각하며 읽는 것이 중요합니다.

이렇게 자기가 읽은 책은 제목을 먼저 적고, 다 읽고 나면 소요 시간을 측정하여 기록합니다. 이 기록은 속독 능력이 얼마나 향상되었는지 알 수 있으므로 이러한 훈련을 통하여 독서 습관을 몸에 익히게 됩니다. 즉, 책을 읽고 독후감이나 독서 토론 및 논술 등 다양한 방법을 통하여 지식 기반의 틀을 만들 수 있게 되는 것입니다.

The Super Speed Reading

　초등학교 저학년 시기는 독서 교육에 매우 중요한 시기입니다. 그래서, 이때부터 독서 교육을 하는 것이 매우 중요합니다.
　이렇게 속독 교육을 통하여 독서 교육이 이루어진다면 우리 학생들은 고학년이 되면서 자연스럽게 독파 능력이 생기는 동시에 책 한두 권쯤 간단히 단시간에 독파할 수 있게 될 것입니다.
　앞으로는 대학 입시에 있어서도 독서활동이 중요하게 평가될 것입니다. 욕심을 부려 하루에 너무 많이 책을 읽으려고 하지말고 하루 읽는 분량을 정해 놓고 매일 매일 책을 읽고 나서 간단하게 서술하는 것도 중요합니다.
　학교에서 권장하는 지정 도서를 중심으로 읽고 나서 그 외 다양한 도서를 접하면서 자신의 수준에 맞는 책을 골라서 읽도록 합니다. 읽다보면 미리 미리 예습한 것 같아 남보다 논술 시험에 유리하게 적용할 수 있을 것입니다. 이렇게 다양한 속독과 독서방법을 몸에 익혀서 여러 교과에도 폭넓게 흥미를 가질 수 있도록 스스로 자율 학습 능력을 키워야 하겠습니다.

속독 훈련을 위한 바른 자세

The Super Speed Reading

→ 나의 속독 훈련을 위해 자세를 점검하세요!

1. 독서대 위에 책을 올려 놓고 45° 가량의 각도로 훈련하고 있나요?
   예 (   ), 아니오 (   )

2. 목 안쪽에서 턱을 약간 당긴 상태로 책을 주시하고 있나요?
   예 (   ), 아니오 (   )

3. 훈련 시작은 시선을 각 페이지 중심 위치에 둔 상태에서 맨 윗줄을 보고 있다가 하나요?
   예 (   ), 아니오 (   )

4. 호흡은 조용하고 느리게 하며, 편안한 자세를 유지한 후에 훈련을 하고 있나요?
   예 (   ), 아니오 (   )

5. 글을 읽을 때 입은 다물고, 혀는 되도록 움직이지 말고, 속발음을 되도록 내지 않도록 의식한 상태에서 훈련하고 있나요?
   예 (   ), 아니오 (   )

6. 문장의 내용을 마음의 느낌으로 읽어나가려고 노력하나요?
   예 (   ), 아니오 (   )

7. 책 읽은 목록과 시간은 기록하고 있나요?
   예 (   ), 아니오 (   )

8. 책을 읽을 때 손으로 짚어가며 읽나요?
   예 (   ), 아니오 (   )

9. 나의 목표를 위하여 속독을 꼭 배워야겠다는 결심으로 훈련하고 있나요?
   예 (   ), 아니오 (   )

10. 속독 훈련을 위하여 매일 일정한 시간에 책을 읽고 있나요?
    예 (   ), 아니오 (   )

바른 자세

나쁜 자세

The Super Speed Reading

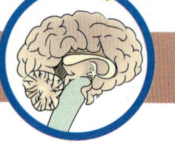

뇌(腦)로 보는 집중력 수련법

얀트라(yantra) 명상으로 정신 통일과 집중력 훈련

① 얀트라 도표가 있는 책을 양손으로 잡고 쭉 편 상태에서 눈의 높이와 동일하게 책을 세운다.
② 마음을 이완시키고 편안한 자세를 유지한다.
③ 도형을 보고 집중한 상태에서 정신력으로 부드럽게 도형의 배경에 막을 형성한다.
④ 도형을 보고 집중한 상태에서 약 1분간 주시한다.
⑤ 도형의 가장자리가 환하게 달무리처럼 보일 때까지 기다린다.
⑥ 눈은 되도록 깜박이지 말고 얀트라를 주시한다.
⑦ 집중한 상태에서 서서히 하나·둘·셋을 세고, 흰 공백이 있는 아래로 빠르게 이동하여 주시한다.
⑧ 도형의 색상이 반대의 색상인 상태에서 잔상(보이던 대상물이 사라진 뒤에도 잠시 동안 그대로 시각에 남아있는 것)이 나타난다.
⑨ 그 잔상이 사라질 때까지 오래도록 유지시킨다.
⑩ 잔상이 완전히 사라지면 눈을 감고 정신의 눈으로 얀트라를 다시 회생시킨다.
⑪ 그러면 이마 앞에 다시 도형이 나타나게 된다.
⑫ 그 도형이 모두 사라질 때 눈을 뜨면 된다.

뇌(腦)로 보는 정신 집중 수련 도표

┃설명┃ 아래의 도형을 약 1분간 집중하여 응시한 후, 아래 수련판의 흰 공백으로 이동하여 주시합니다. (도형이 사라질 때까지 주시하세요.)

집중력 수련판

The Super Speed Reading

소중한 눈을 지키기 위한 "눈" 건강법

1. 눈 체조 운동을 규칙적으로 하는 것이 시력 향상에 도움이 된다.
2. 책을 읽을 때에는 자연광의 밝기에 가까울수록 눈 보호에 좋다.
3. 책을 읽을 때에는 턱을 약간 당긴 상태에서 편안하고 바른 자세를 유지한다.
4. 책과 눈의 거리는 30~50cm를 유지하는 것이 가장 좋다.
5. 책을 읽을 때의 책의 각도는 약 45°를 유지하여야 한다.
6. 활자가 너무 작거나 인쇄의 글자가 희미한 책은 눈이 피로하기 쉽다.
7. 흔들리는 차 안에서 책을 읽으면 초점이 흐트러져 두통과 눈의 피로가 가중된다.
8. 눈이 피로할 때는 손으로 눈을 직접 비비거나 안구를 압박하지 말아야 한다.
9. 안구의 근육을 이완시켜 주고 눈을 크게 뜬 상태에서 먼 경치를 주시한다.
10. 눈에 피로가 오면 가볍게 눈을 감고 눈 주위에 경혈을 지압하여 눈의 피로를 풀어 준다.

속독법 훈련을 도와 주는
눈 지압법

  한방에서 경혈(經穴)은 경락을 따라 흐르는 기혈이 모이거나 흩어지는 자리를 말하며, 경혈 자리에 침을 놓거나 뜸을 떠 기혈의 소통을 원활하게 돕는다.
  또한, 경혈 지압은 오장육부의 균형을 도모하며, 간단한 경혈의 자극으로 피로를 풀고 인체의 모든 기능을 돕게 한다.

1 찬죽(攢竹)
눈썹의 내측부의 끝에서 눈썹 안으로 1푼(分) 들어가 누르는 오목한 위치의 점.

2 동자료(瞳子髎)
눈의 외제각에서 5푼(分)에 위치한 점.

3 정명(睛明)
눈의 내제두의 끝 1푼(分) 떨어져 홍육(紅肉) 오목한 위치의 점.

4 사죽공(絲竹空)
눈썹의 바깥 끝에 움푹한 곳인 광대뼈의 전두 돌기 외연에 생긴 오목한 위치의 점.

5 태양혈(太陽穴)
귀의 위, 눈의 옆, 음식을 씹으면 움직이는 곳.

6 승읍(承泣)
눈동자를 통한 수직으로 중앙 하연, 동자료부터 7푼(分) 아래에 위치한 점.

7 사백(四白)
눈동자로부터 수직으로 1치 아래 위치, 승읍으로부터 1cm 직하(直下)로 위치한 점.

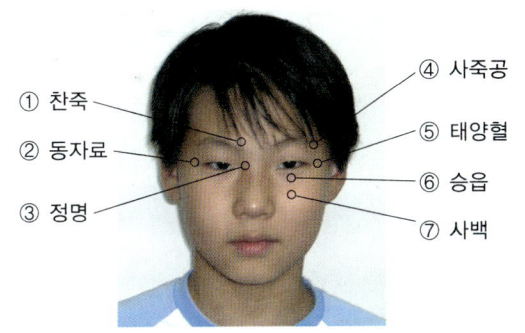
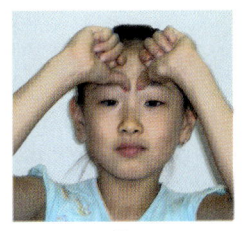
찬죽
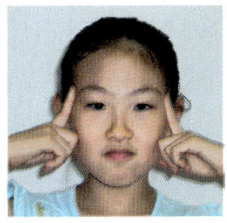
태양혈

방법 : 엄지나 중지(中指), 약지(藥指) 중 양 손을 사용하여 그림의 혈 자리를 가볍게 누르고 눈을 감고 마음 속으로 5초를 세며, 각 3회씩 실시한다.

The Super Speed Reading

| 초급 1단계 | 기본 안구 운동 ①호 | ●시야 확대 훈련 |

설명 ※ 초시계를 준비하세요.
시작과 동시에 초시계의 버튼을 누르세요.

❶ 좌·우의 같은 그림을 반복하여 10회까지 소요시간을 측정 기록하세요.
❷ 10회 훈련이 끝나면 눈의 경혈을 지압하여 피로를 풀어 주세요.
❸ 시점을 화살표 위치에 두고 좌·우의 그림 기호를 빠르게 인지하세요.

18 제일 빠른 속독법 그대로 따라하기(초급)

■ 기본 안구 운동 가로 훈련 기록표

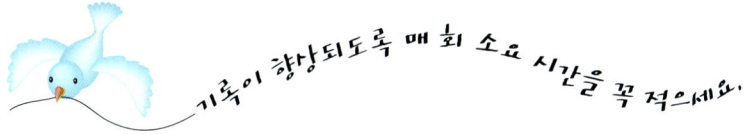
기록이 향상되도록 매회 소요 시간을 꼭 적으세요.

1차 : 초	2차 : 초	3차 : 초
4차 : 초	5차 : 초	6차 : 초
7차 : 초	8차 : 초	9차 : 초
10차 : 초	11차 : 초	12차 : 초
13차 : 초	14차 : 초	15차 : 초
16차 : 초	17차 : 초	18차 : 초
19차 : 초	20차 : 초	21차 : 초
22차 : 초	23차 : 초	24차 : 초
25차 : 초	26차 : 초	27차 : 초
28차 : 초	29차 : 초	30차 : 초

The Super Speed Reading

기본 안구 운동 ❷호 ●상·하 시야 확대 훈련

초급 1단계

> 설명 ※ 시작과 동시에 초시계의 버튼을 누르세요.

❶ 시점을 책의 제본선에 두고 상·하로 그림 기호를 빠르게 인지하세요.
❷ 자세는 바르게, 마음은 편안한 상태를 유지하세요.
❸ 턱을 아래로 당긴 상태에서 머리를 고정시키고 좌~우, 다시 우~좌로 이동하세요.
❹ 상·하의 같은 그림을 반복하여 10회까지 소요시간을 측정하세요.

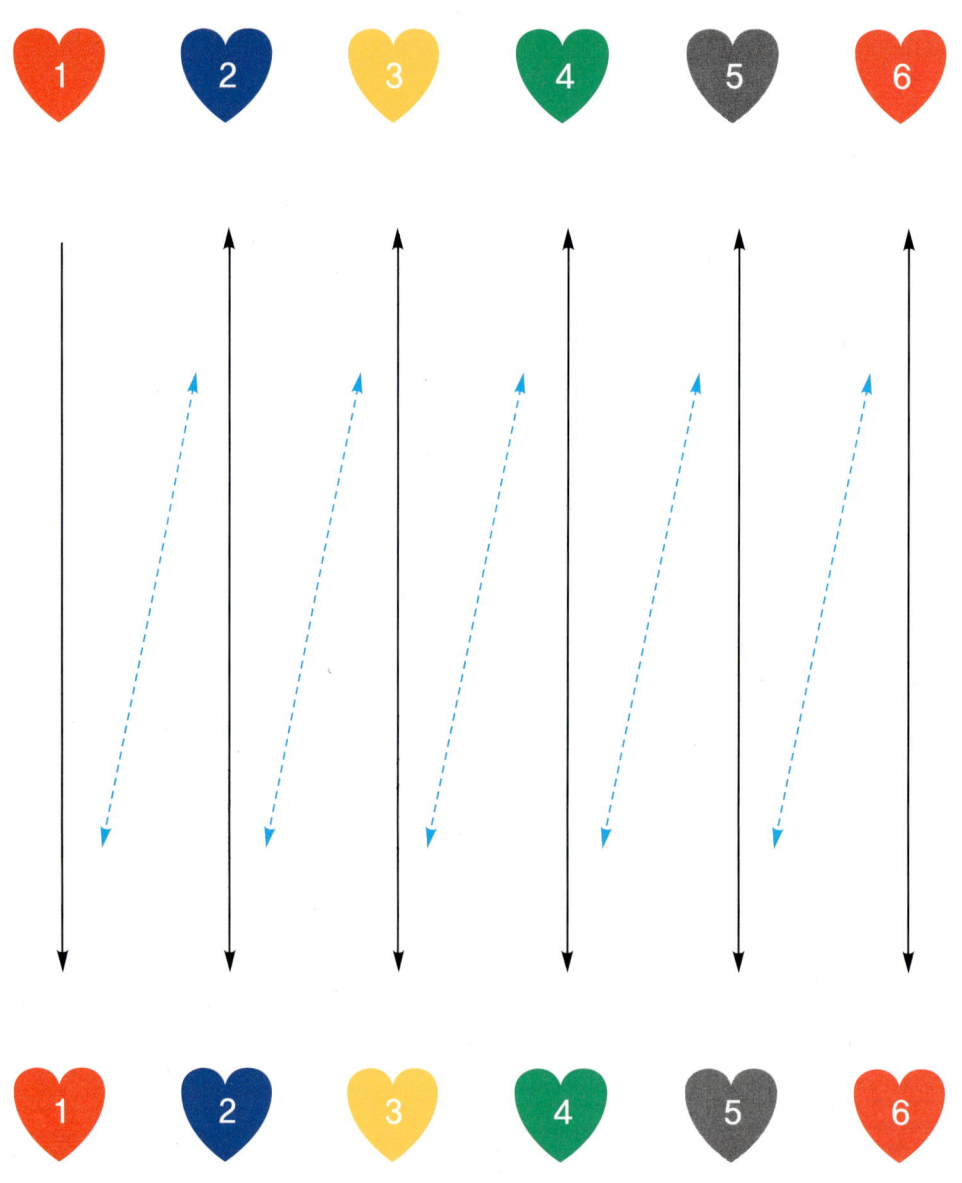

■ 기본 안구 운동 세로 훈련 기록표

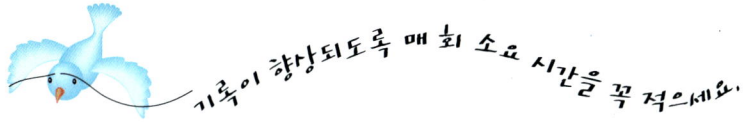
기록이 향상되도록 매 회 소요 시간을 꼭 적으세요.

1차 : 초	2차 : 초	3차 : 초
4차 : 초	5차 : 초	6차 : 초
7차 : 초	8차 : 초	9차 : 초
10차 : 초	11차 : 초	12차 : 초
13차 : 초	14차 : 초	15차 : 초
16차 : 초	17차 : 초	18차 : 초
19차 : 초	20차 : 초	21차 : 초
22차 : 초	23차 : 초	24차 : 초
25차 : 초	26차 : 초	27차 : 초
28차 : 초	29차 : 초	30차 : 초

The Super Speed Reading

속독과 독서력 향상을 위한 나의 진단

초급 테스트

1. 나는 책에 대한 흥미가 없는 편이다.
   ① 예(   )   ② 아니오(   )

2. 나는 책상 앞에 오래 앉아 있지 못한다.
   ① 예(   )   ② 아니오(   )

3. 나는 남보다 의지력이 부족한 것 같다.
   ① 예(   )   ② 아니오(   )

4. 나는 책상 앞에 앉으면 무엇이든 끝장을 본다.
   ① 예(   )   ② 아니오(   )

5. 나는 집중력이 남보다 부족한 것 같다.
   ① 예(   )   ② 아니오(   )

6. 나는 학교 수업 시간에 가끔 다른 생각을 한다.
   ① 예(   )   ② 아니오(   )

7. 나는 책만 보면 머리가 아프다.
   ① 예(   )   ② 아니오(   )

8. 나는 공부하고 나서 책상 위를 정리 정돈한다.
   ① 예(   )   ② 아니오(   )

9. 나는 만화책은 좋아하고 동화책은 싫어한다.
   ① 예(   )   ② 아니오(   )

10. 나는 한 달에 4권 이상 책을 읽는다.
    ① 예(   )   ② 아니오(   )

11. 나는 공부하다 궁금한 것이 있으면 즉시 사전을 찾아본다.
    ① 예(   )   ② 아니오(   )

* 나의 테스트 결과 맞은 개수를 확인하고 해당되는 평가에 ○로 표시하세요.
평가 : (10~11개 : 우수함.) (8~9개 : 양호함.) (6~7개 : 노력 요함.)

1단계 눈 체조 설명

1. 눈 체조 ① ② ③의 각 호를 좌우로 2회씩 10초 동안 **빠르게 이동하세요.**

2. 목과 어깨에 힘을 빼고 편안한 자세를 유지하세요.

3. 몸을 바르게 유지하고 턱은 약간 당긴 상태에서 머리는 고정하세요.

4. 시점의 위치는 상단 중앙에 두고 훈련에 임합니다.

5. 번호 순서대로 화살표를 따라 안구를 빠르게 이동합니다.

6. 눈은 되도록 깜박이지 말고 안구에 힘을 넣어 이동합니다.

7. 차츰 시폭이 넓어지고 시야의 흐름의 부드러우면서 원숙해집니다.

8. 훈련시 안구 운동으로 시력이 매우 향상되게 됩니다.

9. 각 호에 따라서 좌우 또는 상하로 안구를 움직이면 안력(눈의 힘)이 강화됩니다.

10. 기호 ①~③호까지 반복 훈련으로 안구의 힘이 생기면 시야가 넓어집니다.

11. 매일 시간을 정하여 꾸준히 눈 체조 훈련을 합니다.

The Super Speed Reading

눈 체조 훈련
눈 체조 기호 ❶

시점을 중심에 두고 화살표(⇄) 방향으로 좌로 2회, 우로 2회씩 10초 동안 빠르게 반복 실시하세요.

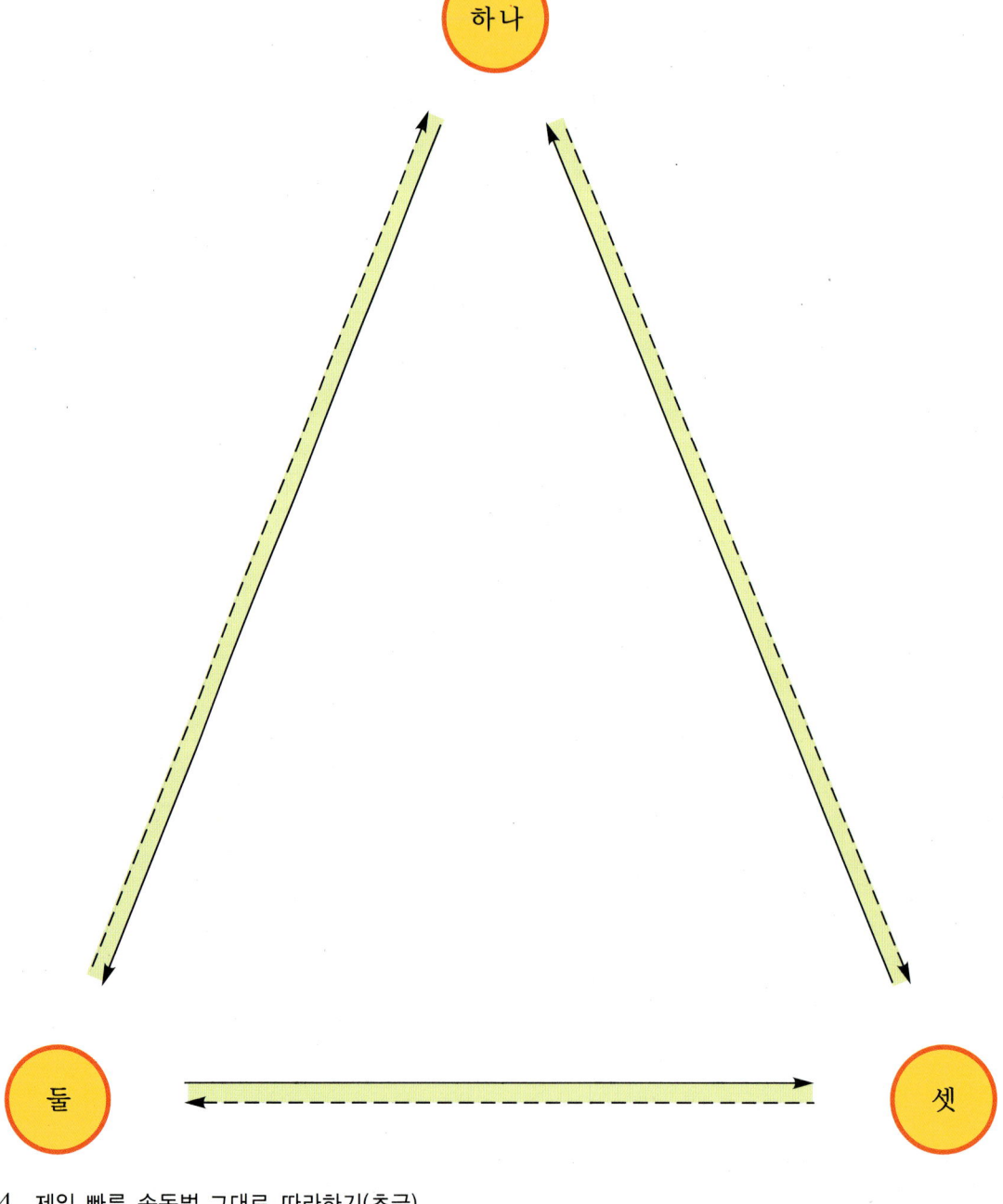

눈 체조 훈련
눈 체조 기호 ❷

시점을 중심에 두고 화살표(⇄) 방향으로 10초 동안 빠르게 반복 실시하세요.

넷　　　　　→　　　　　하나

둘　　　　　→　　　　　셋

I. 속독법의 이해와 속독 기본 훈련

The Super Speed Reading

눈 체조 훈련
눈 체조 기호 ❸

시점을 중심에 두고 화살표(⇄) 방향으로 10초 동안 빠르게 반복 실시하세요.

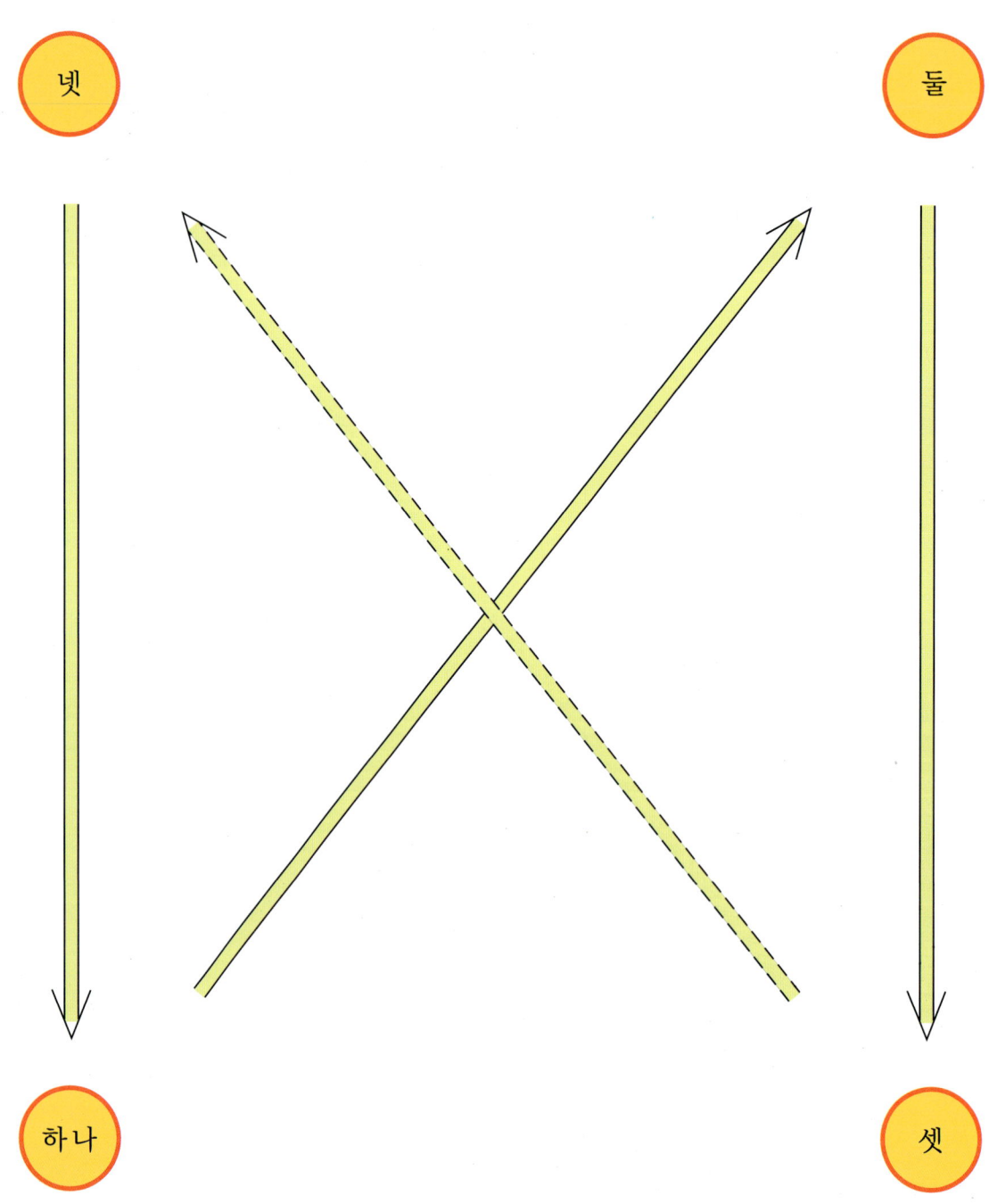

집중력 향상을 위한 두뇌훈련

1. 훈련시 머리는 움직이지 말고 고정시키세요.
2. 글자를 따라 머리를 돌리지 마세요.
3. 글자의 선을 따라 눈으로만 이동하세요.

거꾸로 읽기 집중력 훈련 ❶

　글자를 자동차가 후진하듯이 거꾸로 읽는다. 내용 파악이 어렵지 않을까 생각되지만, 우리의 뇌는 정보처리 능력에 있어서 정상적으로 읽는 것과 동일하게 파악을 한다. 한 번에 글자 군(무리)을 형성하여 이어감으로써 한 번에 여러 단어를 뭉쳐 인지함으로써 뇌에서 정보를 논리에 맞게 자동적으로 나열한다. 그러므로, 이 훈련을 습득하여 정상적인 방향으로 책을 읽으면 속독 능력이 놀랄 정도로 향상된다.

☞ 아래의 글자 선을 따라서 가되 글자 군(群)을 형성하여 시점을 이어가듯 빠르게 이동하세요.
   (제한 시간 : 5초 이내) 반복훈련하세요.

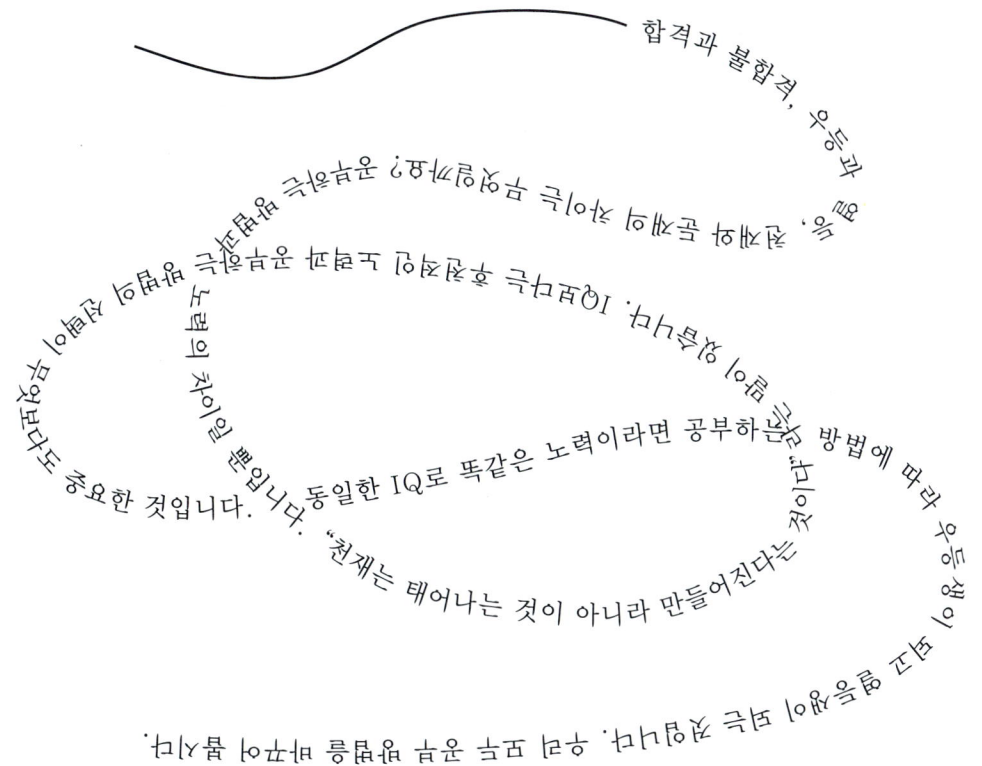

The Super Speed Reading

■ 훈련 기록표

기록이 향상되도록 매회 소요 시간을 꼭 적으세요.

1차 : 초	2차 : 초	3차 : 초
4차 : 초	5차 : 초	6차 : 초
7차 : 초	8차 : 초	9차 : 초
10차 : 초	11차 : 초	12차 : 초
13차 : 초	14차 : 초	15차 : 초
16차 : 초	17차 : 초	18차 : 초
19차 : 초	20차 : 초	21차 : 초
22차 : 초	23차 : 초	24차 : 초
25차 : 초	26차 : 초	27차 : 초
28차 : 초	29차 : 초	30차 : 초

II

숫자·기호·한 글자 인지훈련

- 스캐닝 기법
- 숫자 인지 능력 일 단위 훈련표
- 기호 인지 시야 확대 초급단계 기본 훈련
- 한 글자 인지훈련
- 빠른 속독을 위한 단어 인지 능력 향상

스캐닝(scanning) 기법

The Super Speed Reading

속독법에서 주사(走査)는, 달리면서 조사한다는 뜻으로 자료를 빨리 훑어보면서 필요한 정보를 찾아 내는 것으로, 도로에서 간판을 보고 상호를 찾거나 전화번호부에서 숫자나 이름을 찾는 등 특정 정보를 발췌하는 것을 말합니다.

필요한 단어를 사전에서 찾는 것과 같이 신문이나 잡지에서 핵심 정보를 찾아 읽는 것을 말합니다.

숫자 인지 능력 훈련표의 설명

1. 시점을 중심에 위치한다.
2. 머리를 움직이지 않은 상태에서 훈련을 한다.
3. 안구를 좌에서 우로 이동하는 순간 같은 숫자를 인지한다.
4. 다시 안구를 우에서 좌로 이동하는 순간 숫자를 인지한다.
5. 같은 방법으로 인지하면서 아래로 신속히 내려간다.
6. 소요 시간은 30초 내 주파하여야 한다.
7. 매회 기록이 단축되도록 소요시간을 기록한다.

훈련 효과

집중력이 향상됩니다.
사고력이 발달됩니다.
인지 능력이 향상됩니다.
인내심이 강화됩니다.

The Super Speed Reading

숫자 인지(認知) 능력 일 단위 훈련표 ❶

> 🔸 **훈련 방법**
> 1. 한 줄에서 같은 숫자를 한 개씩 빨리 인지하세요.
> 2. 좌측의 숫자 한글을 먼저 인지하고 그 줄의 글자로 된 숫자를 인지한다.
> 3. 다시 아래 우측의 숫자를 인지하고 그 줄의 글자로 된 숫자를 인지하면서 아래로 내려가면 됩니다.
>   [소요 시간: 30초 내 주파]

← 시점 →

| 삼 →| 팔 칠 일 공 구 사 이 구 이 오 이 일 팔 오 삼 일 팔 구
구 삼 이 오 일 팔 구 삼 사 칠 공 팔 육 일 삼 이 사 삼 ← 오

| 팔 →| 공 일 육 일 공 이 사 공 이 육 일 공 오 구 삼 사 공 팔
삼 육 칠 오 삼 팔 칠 구 사 공 오 구 사 칠 공 팔 오 일 ← 육

| 공 →| 육 일 오 이 칠 구 이 삼 이 구 삼 이 사 삼 구 칠 공 오
구 육 이 오 일 팔 삼 오 사 칠 공 팔 육 일 공 이 사 칠 ← 삼

| 사 →| 삼 팔 칠 구 이 공 오 삼 칠 오 구 삼 이 구 이 일 사 구
일 팔 오 삼 육 사 팔 칠 구 일 공 오 칠 삼 팔 사 오 칠 ← 구

| 칠 →| 이 오 삼 팔 칠 구 이 구 이 일 팔 사 구 일 오 삼 팔 오
일 공 오 삼 사 칠 육 오 구 삼 이 구 이 이 일 팔 팔 육 ← 공

| 팔 →| 칠 공 오 육 일 이 일 구 오 삼 사 칠 공 이 사 구 팔 육
칠 구 삼 이 팔 칠 구 칠 공 팔 육 구 공 이 구 이 일 팔 ← 삼

| 이 →| 사 칠 구 칠 오 삼 팔 이 칠 오 삼 사 일 구 칠 삼 팔 칠
이 공 오 구 삼 이 구 오 구 사 공 칠 오 삼 팔 칠 구 삼 ← 팔

| 일 →| 육 팔 삼 오 사 사 구 칠 오 일 공 칠 이 삼 팔 사 구 칠
이 사 공 구 삼 이 공 육 이 구 이 일 팔 사 오 삼 칠 팔 ← 육

| 사 →| 삼 칠 오 삼 팔 칠 구 공 이 공 오 구 사 칠 공 팔 육 일
사 이 공 팔 오 삼 사 칠 공 육 공 오 칠 구 삼 칠 공 오 ← 이

■ 집중력 & 일 단위 숫자 인지 능력을 위한 훈련 기록표

기록이 향상되도록 매 회 소요 시간을 꼭 적으세요.

1차 : 초	2차 : 초	3차 : 초
4차 : 초	5차 : 초	6차 : 초
7차 : 초	8차 : 초	9차 : 초
10차 : 초	11차 : 초	12차 : 초
13차 : 초	14차 : 초	15차 : 초
16차 : 초	17차 : 초	18차 : 초
19차 : 초	20차 : 초	21차 : 초
22차 : 초	23차 : 초	24차 : 초
25차 : 초	26차 : 초	27차 : 초
28차 : 초	29차 : 초	30차 : 초

The Super Speed Reading

숫자 인지(認知) 능력 일 단위 훈련표 ❷

> 🔸 **훈련방법**
> 1. 한 줄에서 같은 숫자를 한 개씩 빨리 인지하세요.
> 2. 좌측의 숫자 한글을 먼저 인지하고 그 줄의 글자로 된 숫자를 인지한다.
> 3. 다시 아래 우측의 숫자를 인지하고 그 줄의 글자로 된 숫자를 인지하면서 아래로 내려가면 됩니다.
>   [소요시간: 30초 내 주파]

← 시점 →

육 → 팔 칠 일 공 구 사 이 구 이 오 이 일 팔 육 삼 일 팔 구
　　　구 공 이 오 일 팔 구 삼 사 칠 오 팔 육 일 삼 이 사 삼 ← 공

이 → 공 일 육 일 공 오 사 공 이 육 일 공 오 구 삼 사 공 팔
　　　삼 육 칠 오 삼 팔 칠 구 사 공 오 구 사 칠 공 이 오 일 ← 팔

구 → 육 일 오 이 칠 구 이 삼 이 칠 삼 이 사 삼 육 칠 공 오
　　　구 육 이 오 일 팔 삼 일 사 칠 공 팔 육 일 공 이 사 칠 ← 오

칠 → 삼 팔 사 구 이 공 오 삼 칠 오 구 삼 이 구 이 일 사 구
　　　일 팔 오 삼 육 사 팔 칠 오 일 공 오 칠 삼 팔 육 구 칠 ← 사

일 → 이 오 삼 팔 칠 구 이 구 사 일 팔 사 구 칠 오 삼 팔 오
　　　일 공 오 삼 사 칠 육 오 구 삼 이 구 이 이 일 팔 팔 육 ← 공

삼 → 칠 공 오 육 일 이 일 구 오 삼 사 칠 공 이 사 구 팔 육
　　　칠 구 삼 이 팔 칠 구 칠 공 팔 육 구 공 사 구 육 일 팔 ← 이

오 → 사 칠 구 칠 일 삼 팔 이 칠 오 삼 사 일 구 칠 삼 팔 칠
　　　이 공 오 일 삼 이 칠 오 구 사 공 칠 오 삼 팔 칠 이 삼 ← 구

사 → 육 팔 삼 오 구 일 구 칠 오 일 공 칠 이 삼 팔 오 사 칠
　　　이 사 공 구 삼 이 공 육 칠 구 이 일 팔 육 오 삼 이 팔 ← 칠

팔 → 삼 칠 오 삼 공 칠 구 공 이 공 오 구 사 칠 팔 삼 육 일
　　　사 칠 공 일 오 삼 사 칠 팔 육 공 오 칠 구 삼 이 공 오 ← 일

■ 집중력 & 일 단위 숫자 인지 능력을 위한 훈련 기록표

기록이 향상되도록 매회 소요 시간을 꼭 적으세요.

1차 : 초	2차 : 초	3차 : 초
4차 : 초	5차 : 초	6차 : 초
7차 : 초	8차 : 초	9차 : 초
10차 : 초	11차 : 초	12차 : 초
13차 : 초	14차 : 초	15차 : 초
16차 : 초	17차 : 초	18차 : 초
19차 : 초	20차 : 초	21차 : 초
22차 : 초	23차 : 초	24차 : 초
25차 : 초	26차 : 초	27차 : 초
28차 : 초	29차 : 초	30차 : 초

The Super Speed Reading

■ 기호 인지 시야 확대 [초급 단계] 기본 훈련 ①

- 책을 펼쳐 한 쪽을 보고, 최초의 주시점은 상단 중심에 위치하세요.
- 머리는 움직이지 않은 상태에서 좌(左)·우(右)의 기호를 인지하세요.
- 여러 개의 그림 기호를 기호 한 개 인지하는 속도로 빠르게 훈련하세요.
- 기호 한 개~아홉 개까지 아래로 이동하여 ①호~⑩호까지 반복 훈련하세요.
- 시간이 단축될 수 있도록 매번 소요 시간을 꼭 기록하세요.

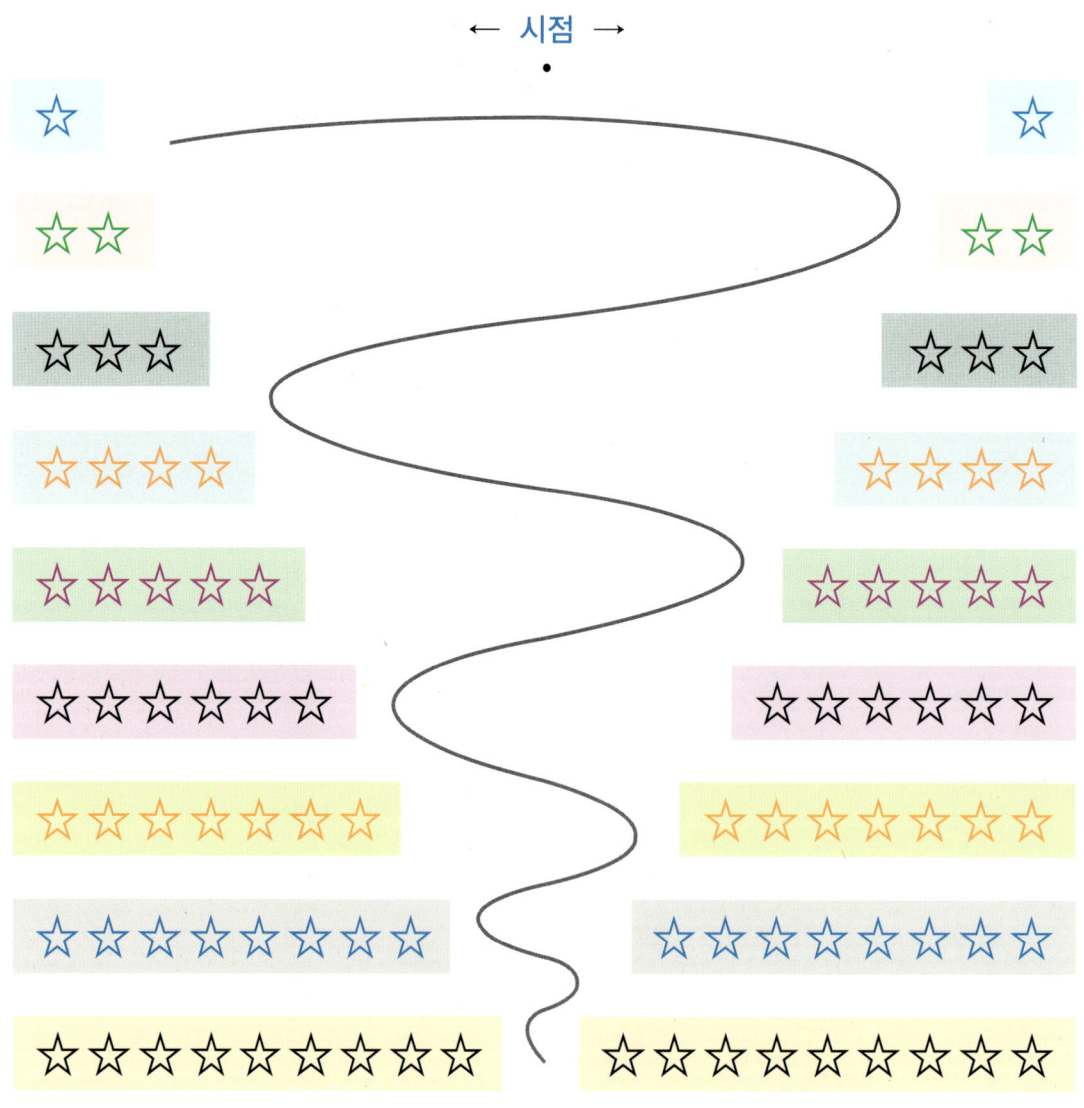

The Super Speed Reading

■ 기호 인지 시야 확대 초급 단계 기본 훈련 ❷

- 책을 펼쳐 한 쪽을 보고, 최초의 주시점은 상단 중심에 위치하세요.
- 머리는 움직이지 않은 상태에서 좌(左)·우(右)의 기호를 인지하세요.
- 여러 개의 그림 기호를 기호 한 개 인지하는 속도로 빠르게 훈련하세요.
- 기호 한 개~아홉 개까지 아래로 이동하여 ①호~⑩호까지 반복 훈련하세요.
- 시간이 단축될 수 있도록 매번 소요 시간을 꼭 기록하세요.

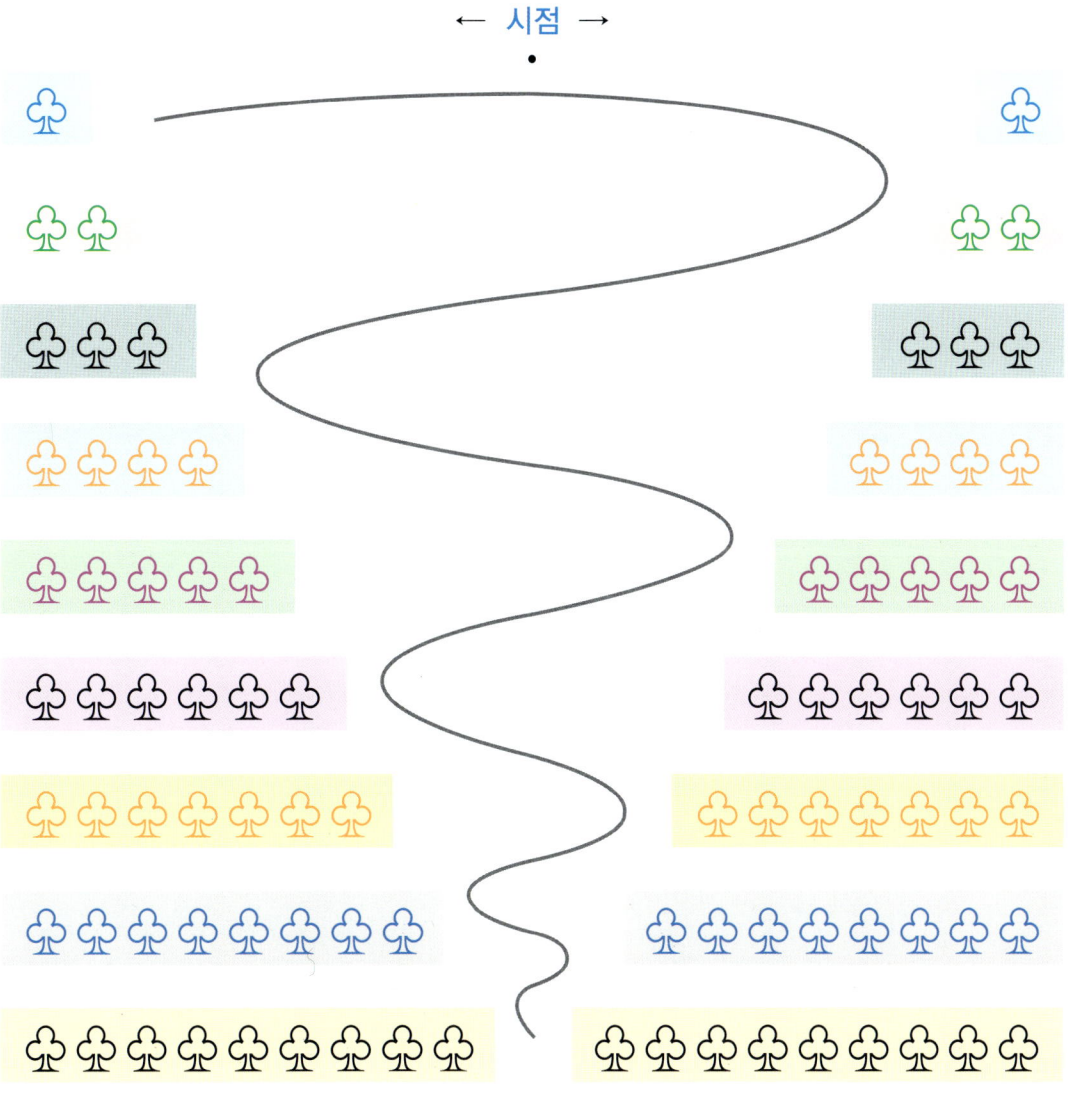

Ⅱ. 숫자·기호·한 글자 인지훈련

■ 기호 인지 시야 확대 초급 단계 기본 훈련 ❸

- 책을 펼쳐 한 쪽을 보고, 최초의 주시점은 상단 중심에 위치하세요.
- 머리는 움직이지 않은 상태에서 좌(左)·우(右)의 기호를 인지하세요.
- 여러 개의 그림 기호를 기호 한 개 인지하는 속도로 빠르게 훈련하세요.
- 기호 한 개~아홉 개까지 아래로 이동하여 ①호~⑩호까지 반복 훈련하세요.
- 시간이 단축될 수 있도록 매번 소요 시간을 꼭 기록하세요.

■ 기호 인지 시야 확대 초급 단계 기본 훈련 ❹

- 책을 펼쳐 한 쪽을 보고, 최초의 주시점은 상단 중심에 위치하세요.
- 머리는 움직이지 않은 상태에서 좌(左)·우(右)의 기호를 인지하세요.
- 여러 개의 그림 기호를 기호 한 개 인지하는 속도로 빠르게 훈련하세요.
- 기호 한 개~아홉 개까지 아래로 이동하여 ①호~⑩호까지 반복 훈련하세요.
- 시간이 단축될 수 있도록 매번 소요 시간을 꼭 기록하세요.

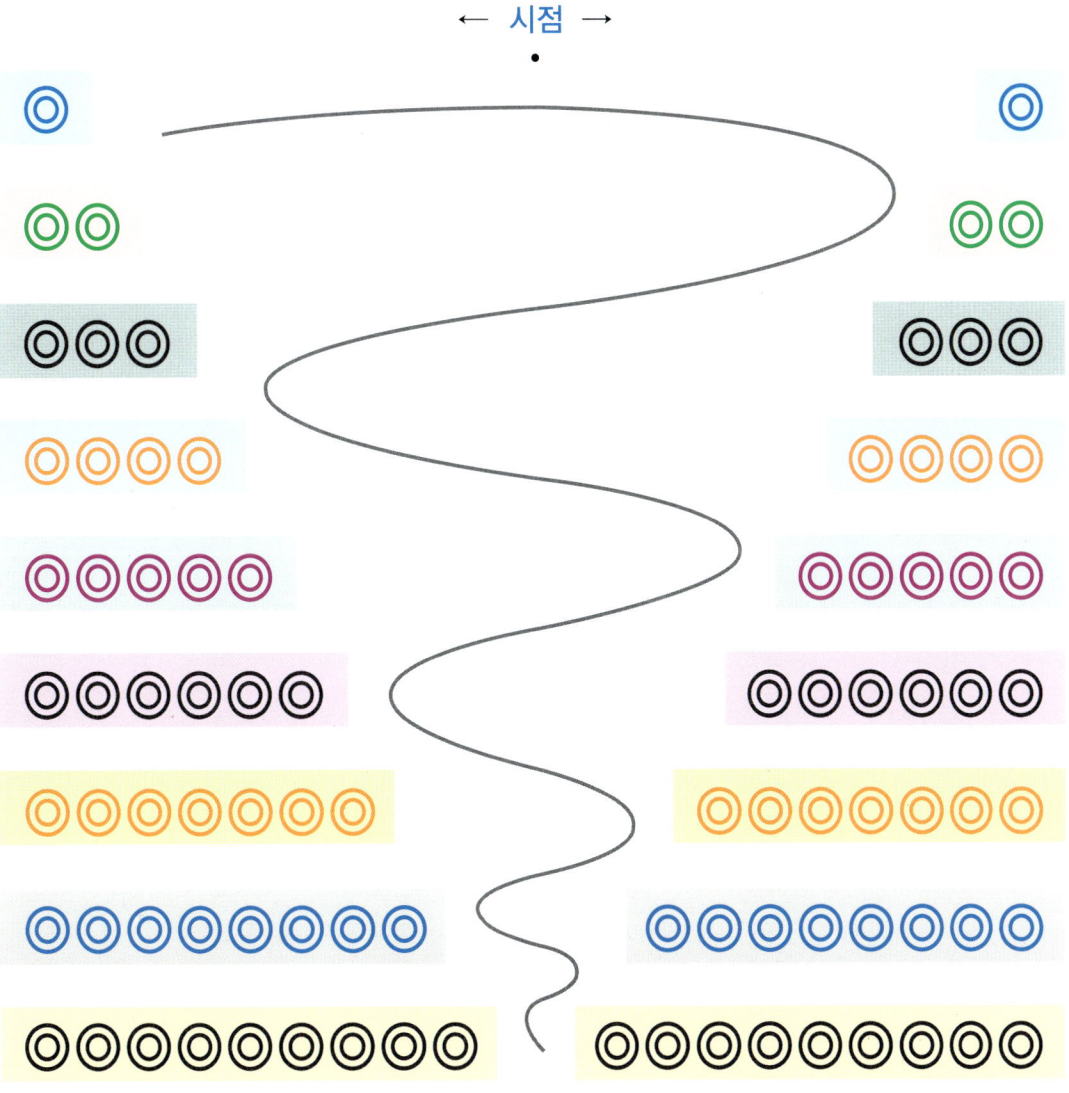

Ⅱ. 숫자·기호·한 글자 인지훈련

The Super Speed Reading

■ 기호 인지 시야 확대　초급 단계　기본 훈련 ❺

- 책을 펼쳐 한쪽을 보고, 최초의 주시점은 상단 중심에 위치하세요.
- 머리는 움직이지 않은 상태에서 좌(左)·우(右)의 기호를 인지하세요.
- 여러 개의 그림 기호를 기호 한 개 인지하는 속도로 빠르게 훈련하세요.
- 기호 한 개~아홉 개까지 아래로 이동하여 ①호~⑩호까지 반복 훈련하세요.
- 시간이 단축될 수 있도록 매번 소요시간을 꼭 기록하세요.

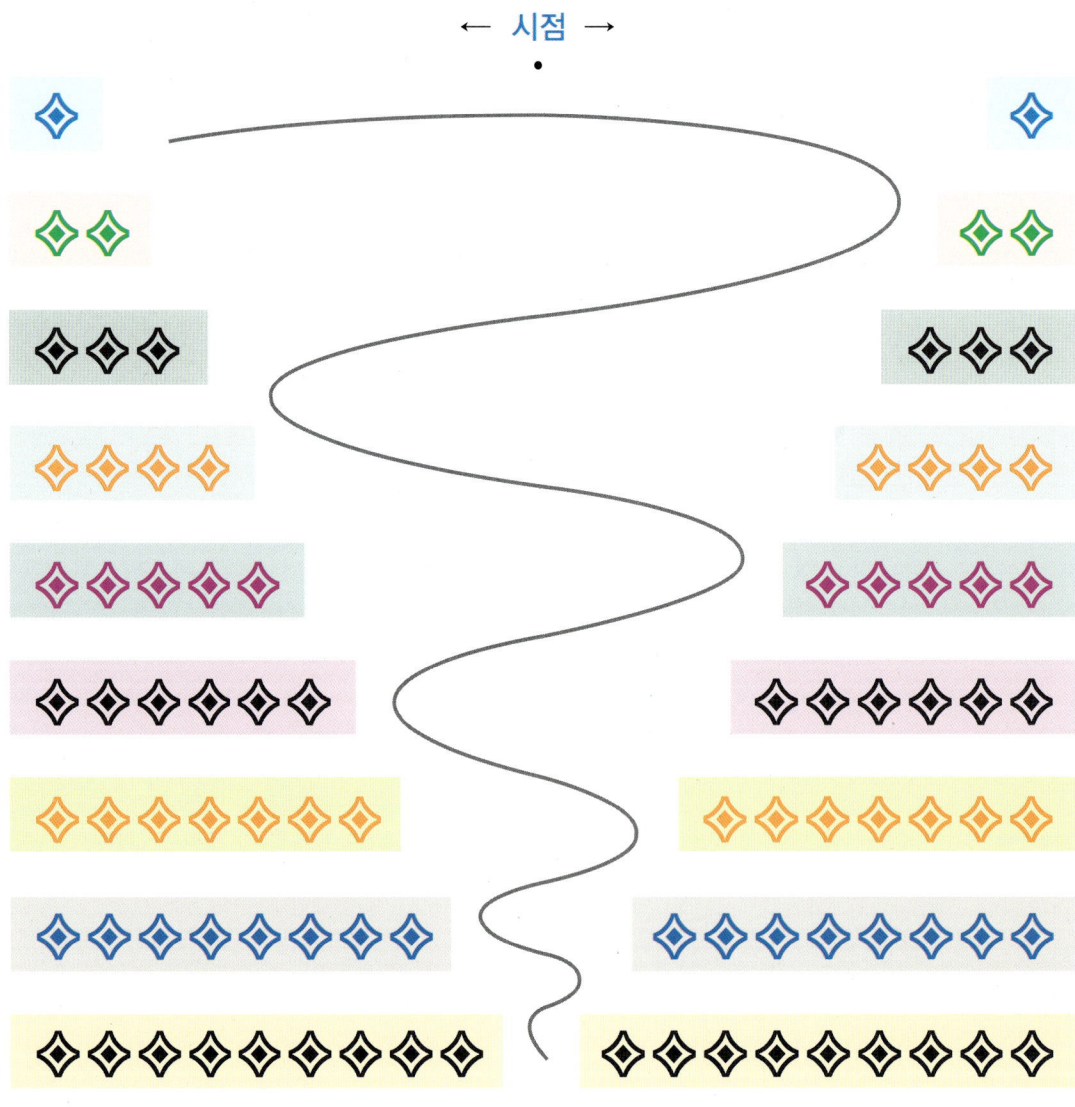

■ 기호 인지 시야 확대 초급 단계 기본 훈련 ❻

- 책을 펼쳐 한 쪽을 보고, 최초의 주시점은 상단 중심에 위치하세요.
- 머리는 움직이지 않은 상태에서 좌(左)·우(右)의 기호를 인지하세요.
- 여러 개의 그림 기호를 기호 한 개 인지하는 속도로 빠르게 훈련하세요.
- 기호 한 개~아홉 개까지 아래로 이동하여 ①호~⑩호까지 반복 훈련하세요.
- 시간이 단축될 수 있도록 매번 소요 시간을 꼭 기록하세요.

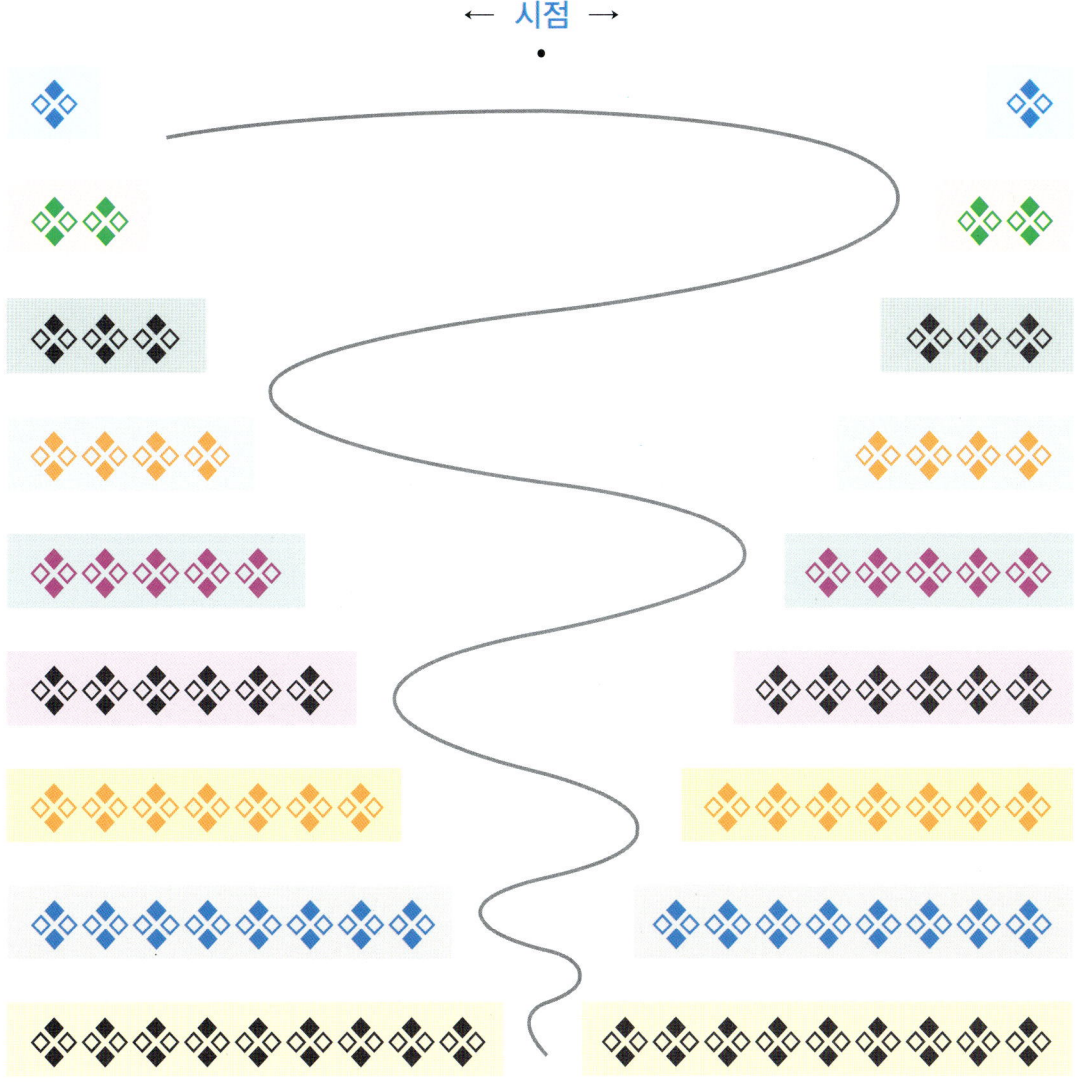

Ⅱ. 숫자·기호·한 글자 인지훈련

The Super Speed Reading

■ 기호 인지 시야 확대 [초급 단계] 기본 훈련 ⑦

- 책을 펼쳐 한 쪽을 보고, 최초의 주시점은 상단 중심에 위치하세요.
- 머리는 움직이지 않은 상태에서 좌(左)·우(右)의 기호를 인지하세요.
- 여러 개의 그림 기호를 기호 한 개 인지하는 속도로 빠르게 훈련하세요.
- 기호 한 개~아홉 개까지 아래로 이동하여 ①호~⑩호까지 반복 훈련하세요.
- 시간이 단축될 수 있도록 매번 소요 시간을 꼭 기록하세요.

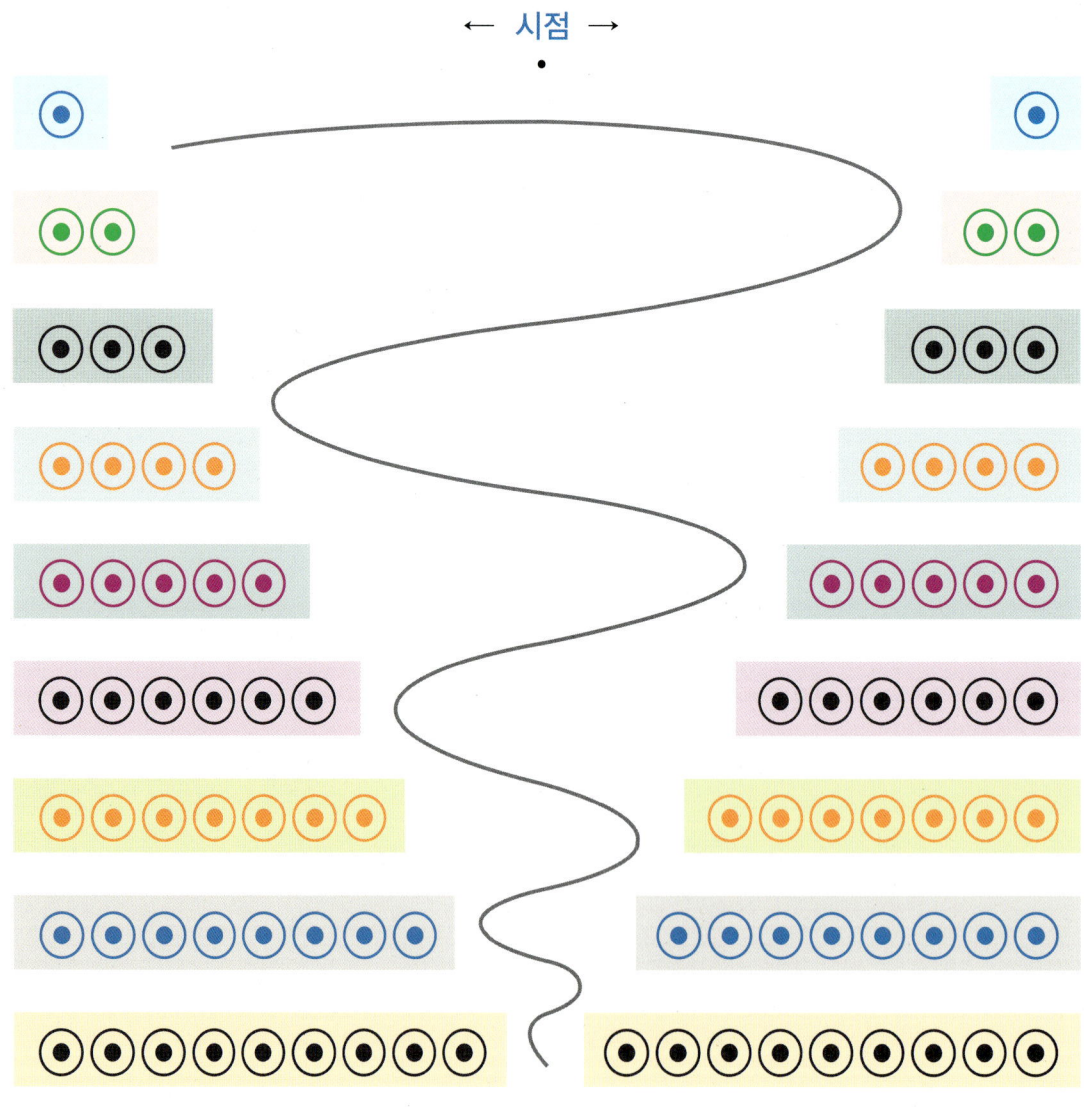

■ 기호 인지 시야 확대 초급 단계 기본 훈련 ❽

- 책을 펼쳐 한 쪽을 보고, 최초의 주시점은 상단 중심에 위치하세요.
- 머리는 움직이지 않은 상태에서 좌(左)·우(右)의 기호를 인지하세요.
- 여러 개의 그림 기호를 기호 한 개 인지하는 속도로 빠르게 훈련하세요.
- 기호 한 개~아홉 개까지 아래로 이동하여 ①호~⑩호까지 반복 훈련하세요.
- 시간이 단축될 수 있도록 매번 소요 시간을 꼭 기록하세요.

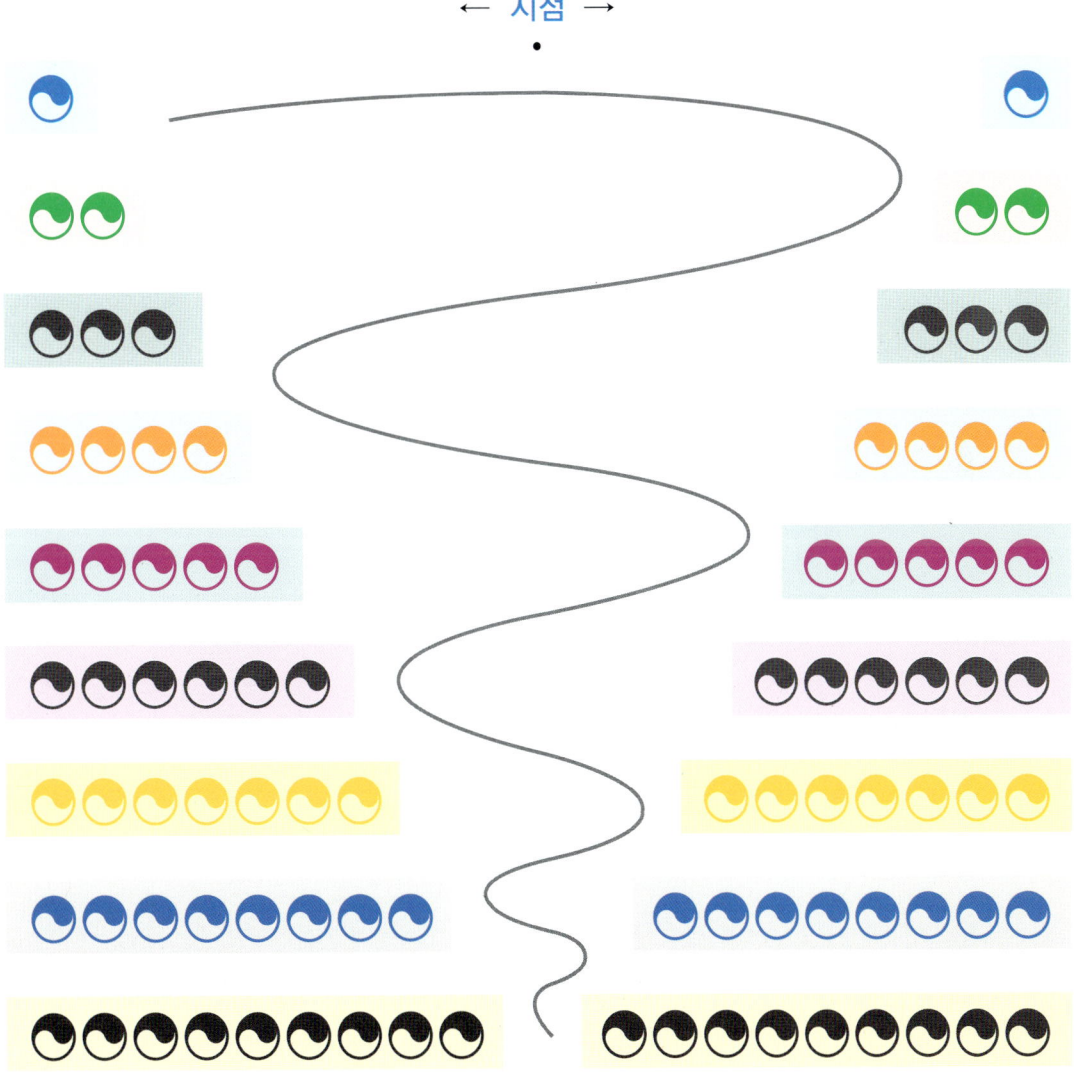

The Super Speed Reading

■ 기호 인지 시야 확대 초급 단계 기본 훈련 ⑨

- 책을 펼쳐 한 쪽을 보고, 최초의 주시점은 상단 중심에 위치하세요.
- 머리는 움직이지 않은 상태에서 좌(左)·우(右)의 기호를 인지하세요.
- 여러 개의 그림 기호를 기호 한 개 인지하는 속도로 빠르게 훈련하세요.
- 기호 한 개~아홉 개까지 아래로 이동하여 ①호~⑩호까지 반복 훈련하세요.
- 시간이 단축될 수 있도록 매번 소요 시간을 꼭 기록하세요.

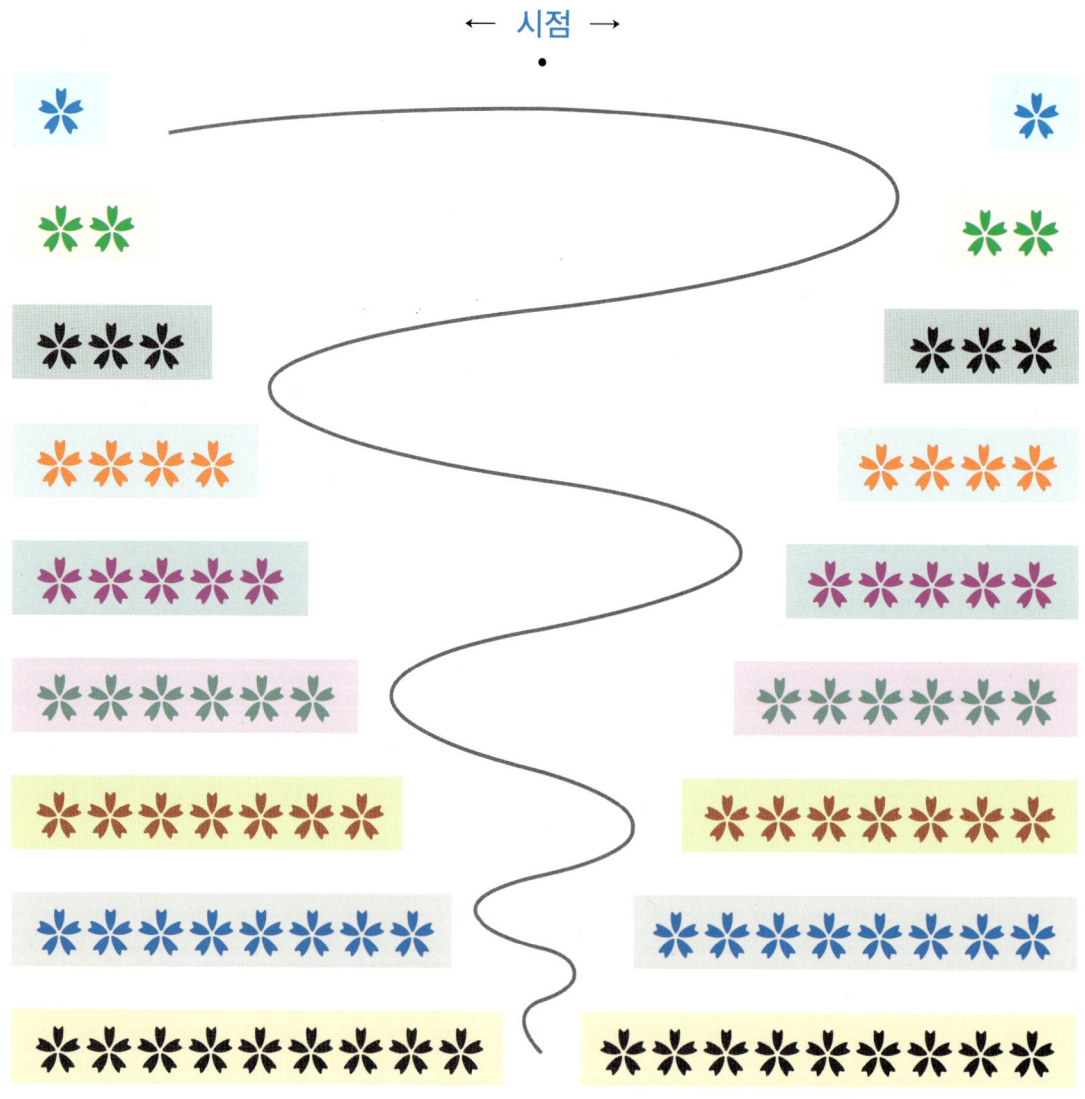

■ 기호 인지 시야 확대 초급 단계 기본 훈련 ⑩

- 책을 펼쳐 한 쪽을 보고, 최초의 주시점은 상단 중심에 위치하세요.
- 머리는 움직이지 않은 상태에서 좌(左)·우(右)의 기호를 인지하세요.
- 여러 개의 그림 기호를 기호 한 개 인지하는 속도로 빠르게 훈련하세요.
- 기호 한 개~아홉 개까지 아래로 이동하여 ①호~⑩호까지 반복 훈련하세요.
- 시간이 단축될 수 있도록 매번 소요 시간을 꼭 기록하세요.

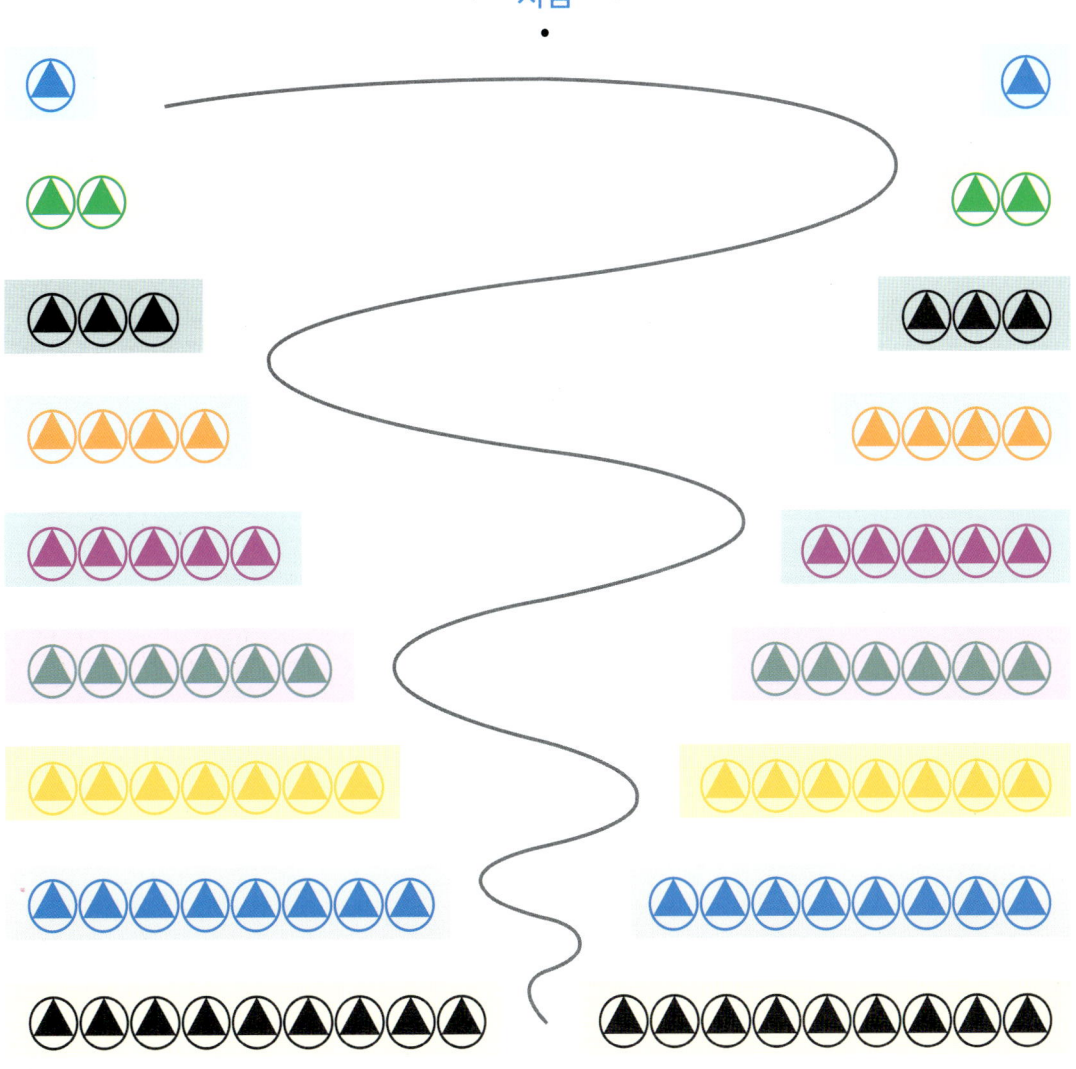

The Super Speed Reading

■ 시야 확대 & 그림 인지 능력을 위한 훈련 기록표

기록이 향상되도록 매 회 소요 시간을 꼭 적으세요.

1차 : 초	2차 : 초	3차 : 초
4차 : 초	5차 : 초	6차 : 초
7차 : 초	8차 : 초	9차 : 초
10차 : 초	11차 : 초	12차 : 초
13차 : 초	14차 : 초	15차 : 초
16차 : 초	17차 : 초	18차 : 초
19차 : 초	20차 : 초	21차 : 초
22차 : 초	23차 : 초	24차 : 초
25차 : 초	26차 : 초	27차 : 초
28차 : 초	29차 : 초	30차 : 초

한 글자 인지 훈련   초급 단계

속독법에서 스캐닝(scanning)은 글의 내용을 함축하여 중요한 정보를 인지합니다. 인지된 내용을 기억하게 되고 글의 내용의 개요를 알면 글 전체의 윤곽이 나타나게 됩니다.

즉, 글자를 보는 즉시 눈으로 들어오는 많은 정보들은 뇌를 통하여 분석하고 그 정보를 바탕으로 글 전체의 내용을 알 수 있게 되는 것입니다.

본 훈련은 넓은 시야를 확보해 두고 같은 단어만을 빠르게 인지하면서 이어 나가되 그 단어가 문장의 주요 핵심 단어라 생각하면서 각 횡간의 단어들을 중첩해서 확인해야 합니다.

그 외의 단어들은 주변시야로 보면서 구별해 내는 능력이 필요합니다. 실전 책을 읽을 때 주요 핵심 낱말을 놓치지 않고 읽어야 하며 이 훈련을 통하여 미리 연습하는 것이라 보면 되겠습니다.

이 훈련 방법은 빠르게 한 번 줄거리나 내용을 파악하고 나서 필요한 부분만을 빨리 인식할 수 있는 능력을 갖추는 데 훈련 목적이 있습니다.

훈련 방법

① 시점을 중심에 두고 청색 바탕의 낱말 중 선생님이 제시한 단어를 주시합니다.
② 시작과 동시에 제시한 같은 단어만을 찾으면서 인지합니다.
③ 훈련 ①호~⑩호까지 초시계로 소요시간을 측정합니다.
④ 이때 마음 속으로 개수를 세어가면서 훈련합니다.
⑤ 훈련 ⑩호까지 끝나면 개수가 맞는지 정답을 꼭 확인합니다.
⑥ 개수가 정확히 맞으면 소요 시간을 기록합니다.
⑦ 개수가 맞지 않으면 소요시간을 기록하지 않습니다.
⑧ 점차적으로 기록이 향상되도록 열심히 훈련합니다.

The Super Speed Reading

빠른 속독을 위한 단어 인지 능력 향상 　 초급 단계

훈련 ❶호

* 스캐닝(scanning) 기법으로 선택된 같은 단어를 빨리 찾으세요.
* 청색 바탕의 글자 단어 하나를 먼저 정하여 보고 있다가 시작과 동시에 인지하세요.

← 시점 →

소	말	개
양	책	
감	닭	눈
코	용	
차	밤	콩
산	곰	
콩	귤	배
봄	낫	
곰	책	컵
길	총	
말	눈	길
귤	소	
낫	컵	봄
닭	양	
배	콩	곰
개	산	
차	용	말

빠른 속독을 위한 단어 인지 능력 향상 — 초급 단계

훈련 ❷호

* 시점을 중심에 두고 주어진 같은 단어를 빠르게 인지하세요.
* 개수를 세어가면서 빠르게 인지하여 아래로 이동하세요.
* ❶호~❿호까지 소요 시간을 측정하고 개수가 맞는지 정답을 확인하세요.

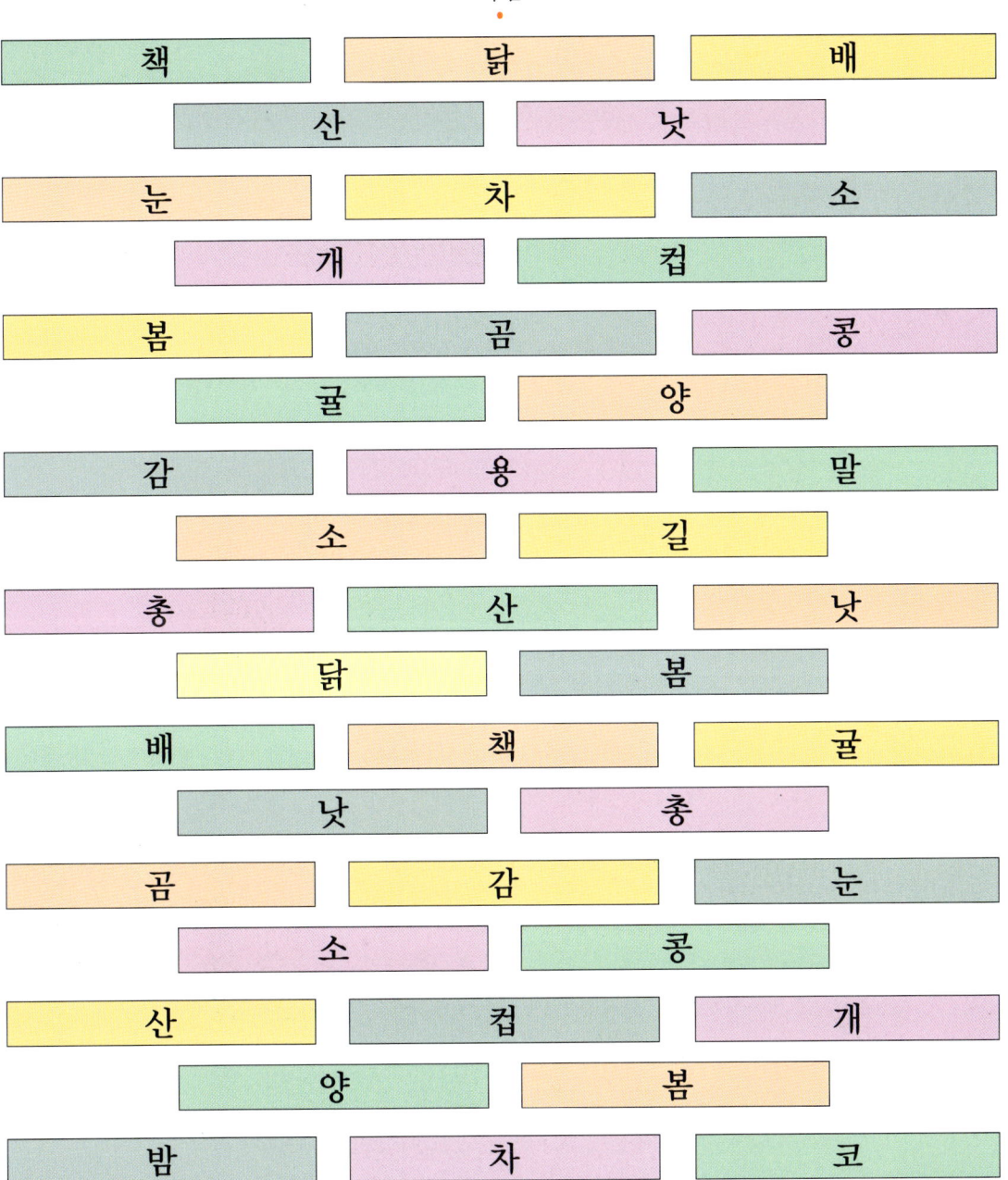

The Super Speed Reading

빠른 속독을 위한 단어 인지 능력 향상 — 초급 단계

훈련 ❸호

* 시점을 중심에 두고 주어진 같은 단어를 빠르게 인지하세요.
* 개수를 세어가면서 빠르게 인지하여 아래로 이동하세요.
* ❶호~❿호까지 소요 시간을 측정하고 개수가 맞는지 정답을 확인하세요.

← 시점 →

소	낫	코
	차	눈
봄	컵	양
	말	산
밤	귤	곰
	총	개
콩	감	낫
	양	책
길	차	배
	눈	소
코	곰	닭
	개	귤
산	콩	밤
	봄	책
차	낫	용
	말	콩
감	배	양

빠른 속독을 위한 단어 인지 능력 향상 — 초급 단계

훈련 ❹호

* 시점을 중심에 두고 주어진 같은 단어를 빠르게 인지하세요.
* 개수를 세어가면서 빠르게 인지하여 아래로 이동하세요.
* ❶호~❿호까지 소요 시간을 측정하고 개수가 맞는지 정답을 확인하세요.

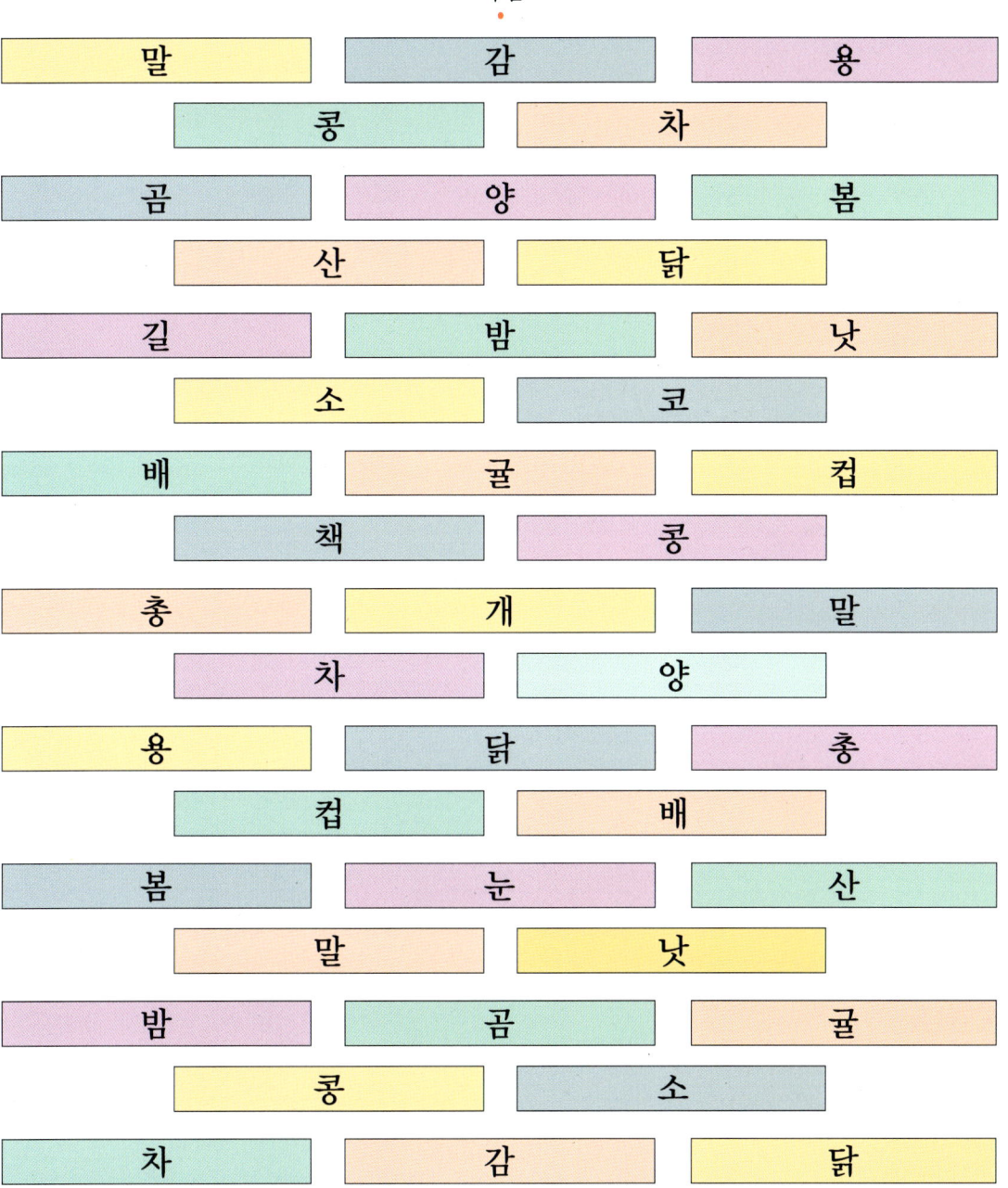

The Super Speed Reading

빠른 속독을 위한 단어 인지 능력 향상 — 초급 단계

훈련 ❺호

* 시점을 중심에 두고 주어진 같은 단어를 빠르게 인지하세요.
* 개수를 세어가면서 빠르게 인지하여 아래로 이동하세요.
* ❶호~❿호까지 소요 시간을 측정하고 개수가 맞는지 정답을 확인하세요.

← 시점 →

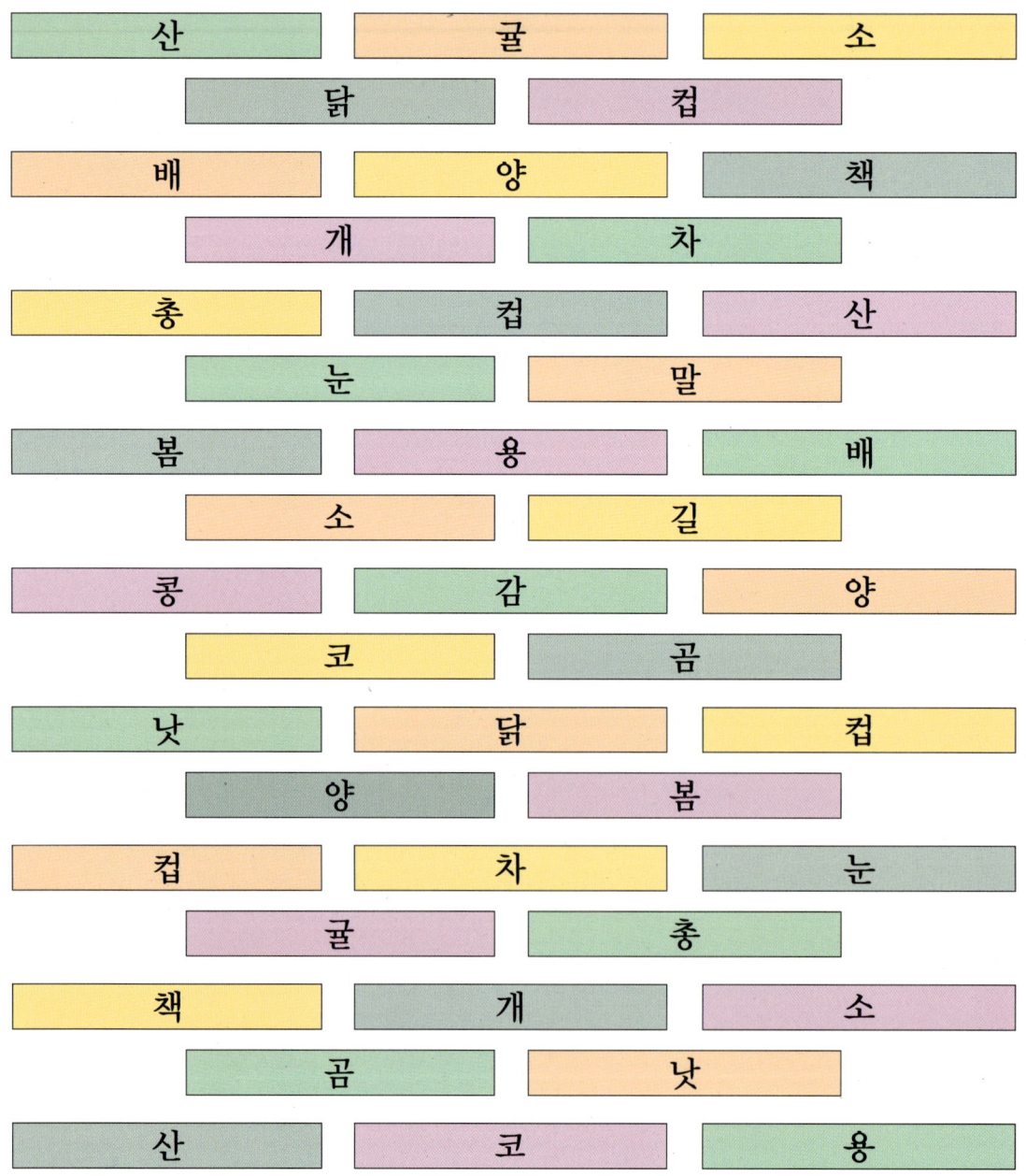

빠른 속독을 위한 단어 인지 능력 향상 — 초급 단계

훈련 ❻호

* 시점을 중심에 두고 주어진 같은 단어를 빠르게 인지하세요.
* 개수를 세어가면서 빠르게 인지하여 아래로 이동하세요.
* ❶호~❿호까지 소요 시간을 측정하고 개수가 맞는지 정답을 확인하세요.

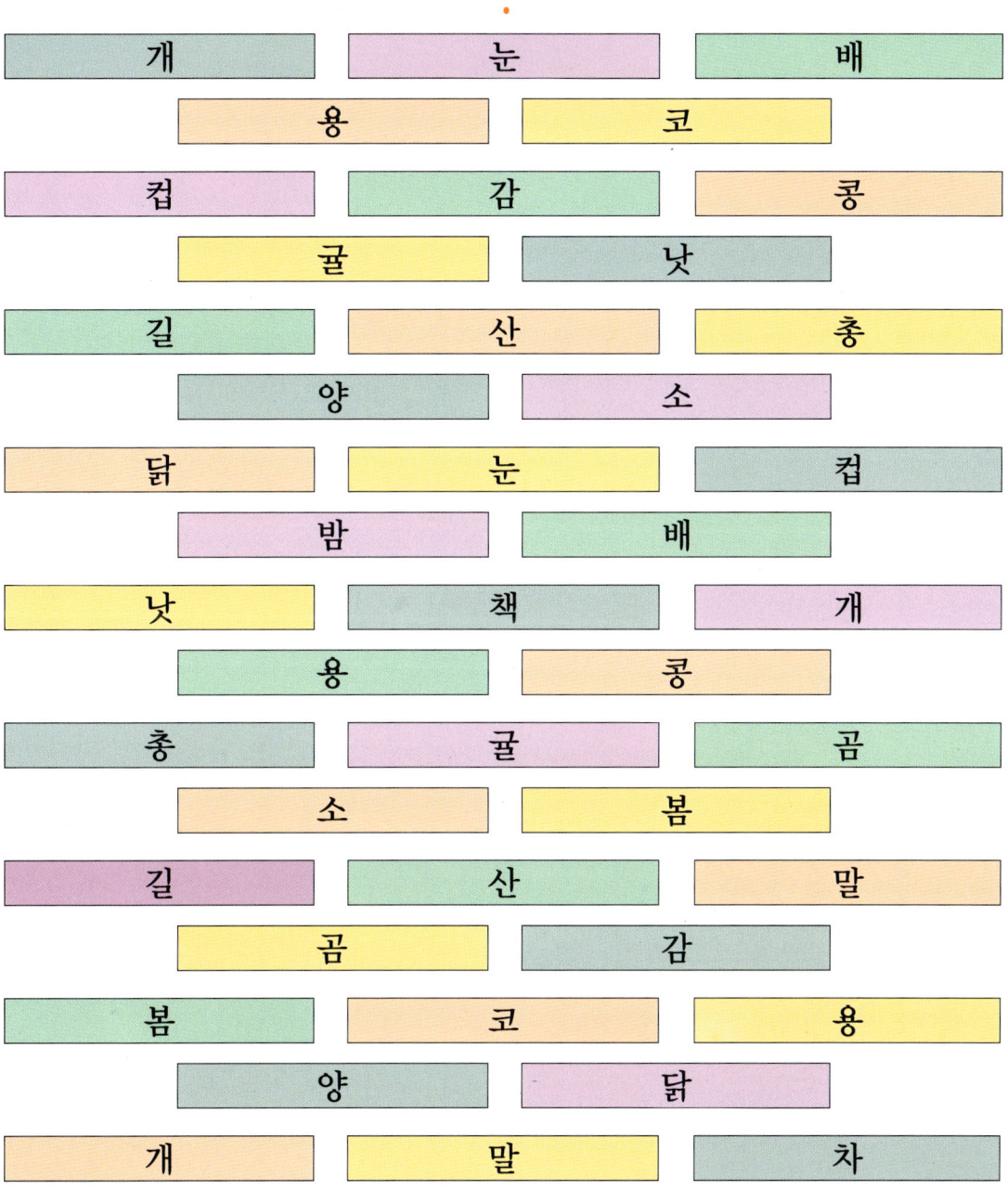

The Super Speed Reading

빠른 속독을 위한 단어 인지 능력 향상 — 초급 단계

훈련 ❼호

* 시점을 중심에 두고 주어진 같은 단어를 빠르게 인지하세요.
* 개수를 세어가면서 빠르게 인지하여 아래로 이동하세요.
* ❶호~❿호까지 소요 시간을 측정하고 개수가 맞는지 정답을 확인하세요.

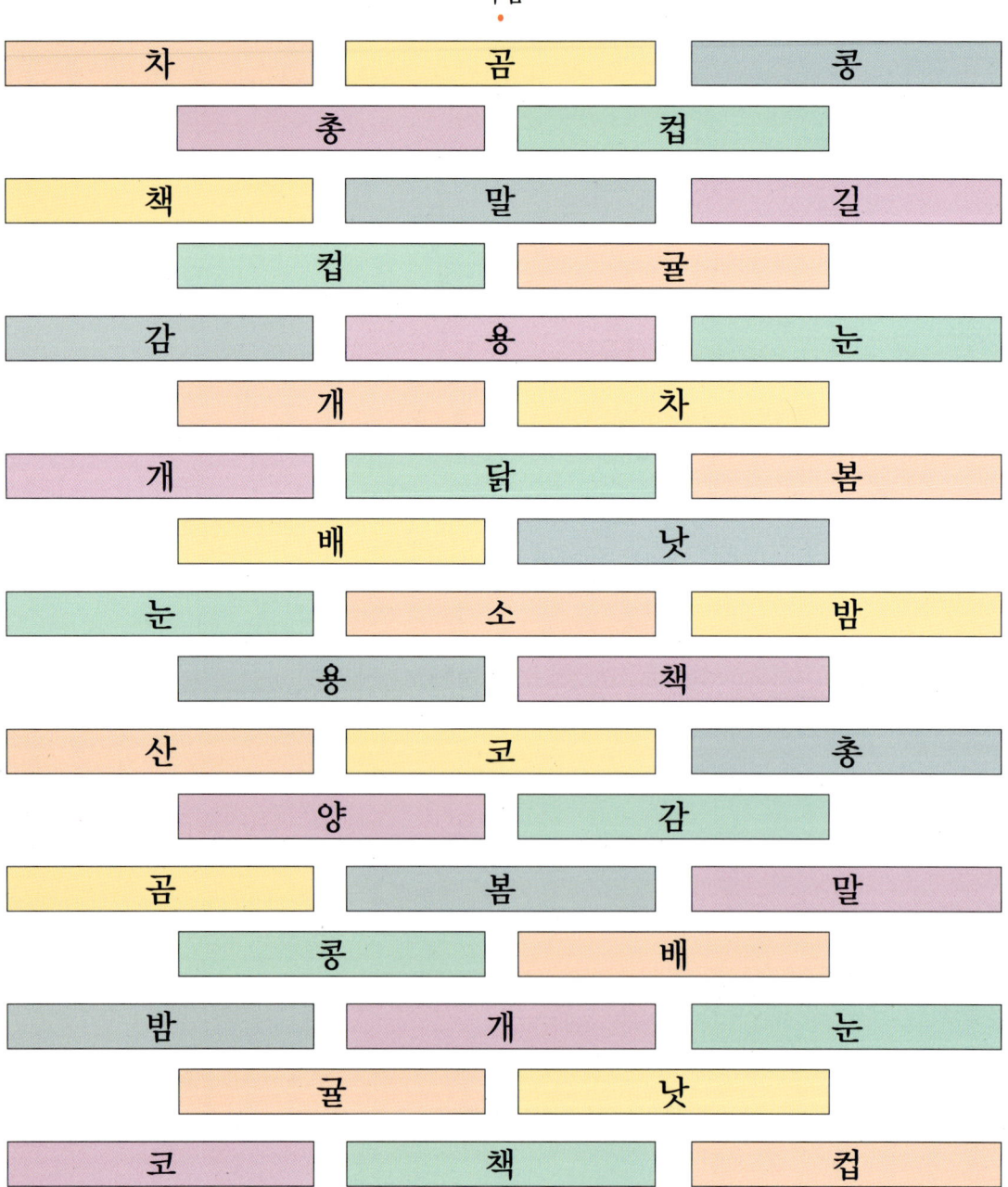

빠른 속독을 위한 단어 인지 능력 향상 | 초급 단계

훈련 ❽호

* 시점을 중심에 두고 주어진 같은 단어를 빠르게 인지하세요.
* 개수를 세어가면서 빠르게 인지하여 아래로 이동하세요.
* ❶호~❿호까지 소요 시간을 측정하고 개수가 맞는지 정답을 확인하세요.

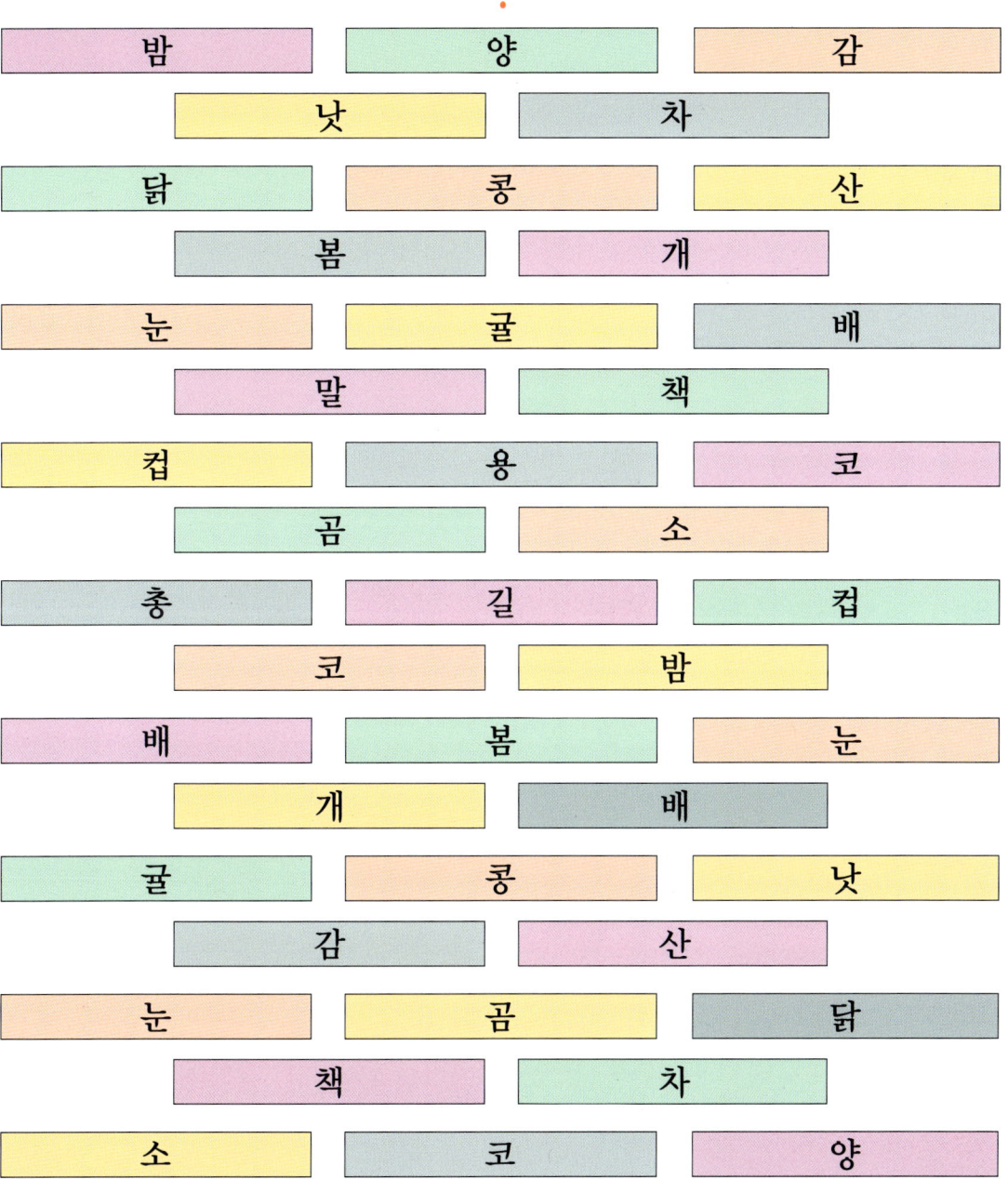

The Super Speed Reading

빠른 속독을 위한 단어 인지 능력 향상 — 초급 단계

훈련 ❾호

* 시점을 중심에 두고 주어진 같은 단어를 빠르게 인지하세요.
* 개수를 세어가면서 빠르게 인지하여 아래로 이동하세요.
* ❶호~❿호까지 소요 시간을 측정하고 개수가 맞는지 정답을 확인하세요.

← 시점 →

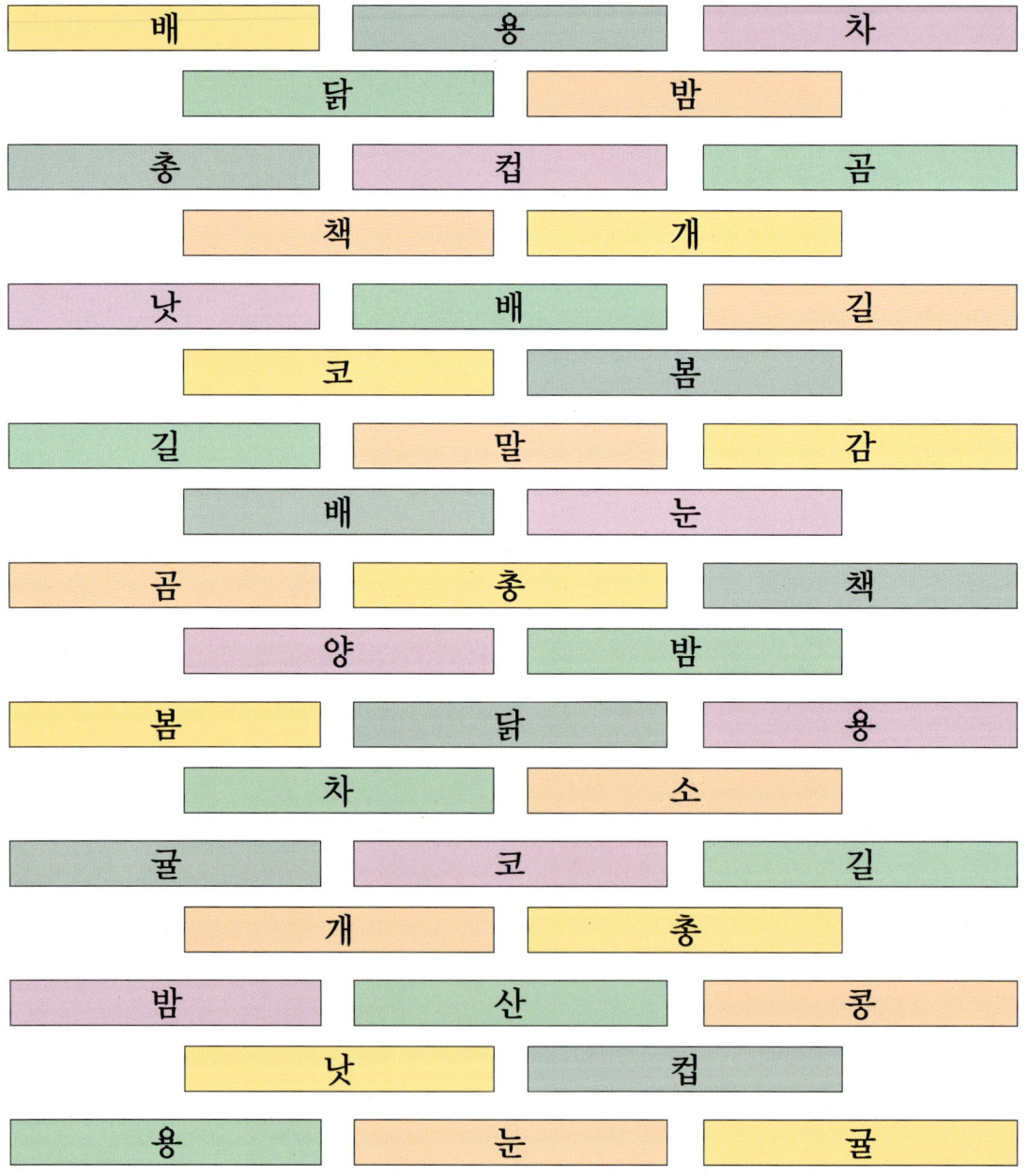

빠른 속독을 위한 단어 인지 능력 향상 — 초급 단계

훈련 ❿호

* 시점을 중심에 두고 주어진 같은 단어를 빠르게 인지하세요.
* 개수를 세어가면서 빠르게 인지하여 아래로 이동하세요.
* ❶호~❿호까지 소요 시간을 측정하고 개수가 맞는지 정답을 확인하세요.

← 시점 →

코	책	닭
길	귤	
컵	눈	총
총	감	
말	용	낫
봄	밤	
닭	코	말
개	봄	
낫	차	귤
배	길	
밤	책	컵
총	닭	
소	길	봄
감	코	
산	컵	밤
배	곰	
책	봄	개

The Super Speed Reading

인지 능력 향상을 위한 한 자 단어 훈련 기록표

실력이 향상되도록 매회 개수가 맞을 경우에만 시간을 기록하세요.

단어명	1차	2차	3차	4차	5차	6차	7차
소	초	초	초	초	초	초	초
말	초	초	초	초	초	초	초
개	초	초	초	초	초	초	초
양	초	초	초	초	초	초	초
책	초	초	초	초	초	초	초
감	초	초	초	초	초	초	초
닭	초	초	초	초	초	초	초
눈	초	초	초	초	초	초	초
코	초	초	초	초	초	초	초
용	초	초	초	초	초	초	초
차	초	초	초	초	초	초	초
밤	초	초	초	초	초	초	초
콩	초	초	초	초	초	초	초
산	초	초	초	초	초	초	초
곰	초	초	초	초	초	초	초

글자 인지
시야 확대 훈련

- 글자 인지 시야 확대 훈련 ①
- 글자 인지 시야 확대 훈련 ②
- 글자 인지 시야 확대 훈련 ③
- 글자 인지 시야 확대 훈련 ④
- 글자 인지 시야 확대 훈련 ⑤
- 글자 인지 시야 확대 훈련 ⑥
- 글자 인지 시야 확대 훈련 ⑦
- 글자 인지 시야 확대 훈련 ⑧
- 글자 인지 시야 확대 훈련 ⑨
- 글자 인지 시야 확대 훈련 ⑩
- 단어 인지 집중력 두뇌 테스트
- 두뇌 체조 글자 색 집중력 훈련

책의 두쪽을 한 면으로 생각하고 훈련하세요.

The Super Speed Reading

글자 인지 시야 확대 [1글자~3글자] 훈련 ①

* 시점은 책을 펼쳐서 두 쪽 중심의 제본선 상단에 위치하세요.
* 머리는 고정하고 안구를 움직여 좌(左)·우(右)의 글자를 인지하세요.

← 시

책	←--①--①--①--①--①--
말	←--①--①--①--①--①--
별	←--①--①--①--①--①--

사과	←--②--②--②--②--②
독서	←--②--②--②--②--②
시계	←--②--②--②--②--②

축구공	←--③--③--③--③--
운동장	←--③--③--③--③--
보름달	←--③--③--③--③--

The Super Speed Reading

초급 기초 훈련

* 턱을 아래로 당긴 상태에서 훈련하세요.
* 글자 한 자~세 자까지 아래로 이동하여 ❶호~❿호까지 반복 훈련하세요.
* 시간이 단축될 수 있도록 매번 소요 시간을 꼭 기록하세요.

점 →

──①──①──①──①──①──→   책

──①──①──①──①──①──→   말

──①──①──①──①──①──→   별

②──②──②──②──②──→   사과

②──②──②──②──②──→   독서

②──②──②──②──②──→   시계

──③──③──③──③──→   축구공

──③──③──③──③──→   운동장

──③──③──③──③──→   보름달

The Super Speed Reading

글자 인지 시야 확대 `1글자~3글자` 훈련 ❷

* 시점은 책을 펼쳐서 두 쪽 중심의 제본선 상단에 위치하세요.
* 머리는 고정하고 안구를 움직여 좌(左)·우(右)의 글자를 인지하세요.

← 시

용	←――①――①――①――①――①――
동	←――①――①――①――①――①――
왕	←――①――①――①――①――①――
수영	←――②――②――②――②――②
학생	←――②――②――②――②――②
스키	←――②――②――②――②――②
전철역	←――③――③――③――③――
하수구	←――③――③――③――③――
모닥불	←――③――③――③――③――

The Super Speed Reading

* 턱을 아래로 당긴 상태에서 훈련하세요.
* 글자 한 자~세 자까지 아래로 이동하여 ❶호~❿호까지 반복 훈련하세요.
* 시간이 단축될 수 있도록 매번 소요 시간을 꼭 기록하세요.

초급 기초 훈련

점 →

――①――①――①――①――①―――→　　용

――①――①――①――①――①―――→　　동

――①――①――①――①――①―――→　　왕

②――②――②――②――②―――→　　수영

②――②――②――②――②―――→　　학생

②――②――②――②――②―――→　　스키

――③――③――③――③―――→　　전철역

――③――③――③――③―――→　　하수구

――③――③――③――③―――→　　모닥불

Ⅲ. 글자 인지 시야 확대 훈련

The Super Speed Reading

글자 인지 시야 확대 1글자~3글자 훈련 ❸

*시점은 책을 펼쳐서 두 쪽 중심의 제본선 상단에 위치하세요.
*머리는 고정하고 안구를 움직여 좌(左)·우(右)의 글자를 인지하세요.

← 시

옥	←---①--①--①--①--①--
눈	←---①--①--①--①--①--
봄	←---①--①--①--①--①--

운동	←---②--②--②--②--②
양복	←---②--②--②--②--②
하늘	←---②--②--②--②--②

이삿짐	←---③--③--③--③--
친구들	←---③--③--③--③
이모부	←---③--③--③--③--

The Super Speed Reading

초급 기초 훈련

* 턱을 아래로 당긴 상태에서 훈련하세요.
* 글자 한 자~세 자까지 아래로 이동하여 ❶호~❿호까지 반복 훈련하세요.
* 시간이 단축될 수 있도록 매번 소요 시간을 꼭 기록하세요.

점 →

──①──①──①──①──①───→   옥

──①──①──①──①──①───→   눈

──①──①──①──①──①───→   봄

②──②──②──②──②───→   운동

②──②──②──②──②───→   양복

②──②──②──②──②───→   하늘

──③──③──③──③───→   이삿짐

──③──③──③──③───→   친구들

──③──③──③──③───→   이모부

Ⅲ. 글자 인지 시야 확대 훈련   65

The Super Speed Reading

글자 인지 시야 확대 `1글자~3글자` 훈련 ④

* 시점은 책을 펼쳐서 두 쪽 중심의 제본선 상단에 위치하세요.
* 머리는 고정하고 안구를 움직여 좌(左)·우(右)의 글자를 인지하세요.

← 시

콩	←――①――①――①――①――①――
산	←――①――①――①――①――①――
배	←――①――①――①――①――①――

경기	←――②――②――②――②――②
공원	←――②――②――②――②――②
동물	←――②――②――②――②――②

수도권	←――③――③――③――③――
경기도	←――③――③――③――③――
경포대	←――③――③――③――③――

The Super Speed Reading

* 턱을 아래로 당긴 상태에서 훈련하세요.
* 글자 한 자~세 자까지 아래로 이동하여 ❶호~❿호까지 반복 훈련하세요.
* 시간이 단축될 수 있도록 매번 소요 시간을 꼭 기록하세요.

초급 기초 훈련

점 →

――①――①――①――①――①―― →　　콩

――①――①――①――①――①―― →　　산

――①――①――①――①――①―― →　　배

②――②――②――②――②―― →　　경기

②――②――②――②――②―― →　　공원

②――②――②――②――②―― →　　동물

――③――③――③――③―― →　　수도권

――③――③――③――③―― →　　경기도

――③――③――③――③―― →　　경포대

Ⅲ. 글자 인지 시야 확대 훈련　67

The Super Speed Reading

글자 인지 시야 확대 〔1글자~3글자〕 훈련 ⑤

* 시점은 책을 펼쳐서 두 쪽 중심의 제본선 상단에 위치하세요.
* 머리는 고정하고 안구를 움직여 좌(左)·우(右)의 글자를 인지하세요.

← 시

길	←――①――①――①――①――①――
종	←――①――①――①――①――①――
차	←――①――①――①――①――①――
고래	←――②――②――②――②――②
썰매	←――②――②――②――②――②
놀이	←――②――②――②――②――②
먼곳에	←――③――③――③――③――
여객선	←――③――③――③――③――
보일러	←――③――③――③――③――

The Super Speed Reading

초급 기초 훈련

* 턱을 아래로 당긴 상태에서 훈련하세요.
* 글자 한 자~세 자까지 아래로 이동하여 ❶호~❿호까지 반복 훈련하세요.
* 시간이 단축될 수 있도록 매번 소요 시간을 꼭 기록하세요.

점 →

──①──①──①──①──①──→   길
──①──①──①──①──①──→   종
──①──①──①──①──①──→   차

②──②──②──②──②──→   고래
②──②──②──②──②──→   썰매
②──②──②──②──②──→   놀이

──③──③──③──③──→   먼곳에
──③──③──③──③──→   여객선
──③──③──③──③──→   보일러

Ⅲ. 글자 인지 시야 확대 훈련

The Super Speed Reading

글자 인지 시야 확대 `1글자~3글자` 훈련 ❻

* 시점은 책을 펼쳐서 두 쪽 중심의 제본선 상단에 위치하세요.
* 머리는 고정하고 안구를 움직여 좌(左)·우(右)의 글자를 인지하세요.

← 시

깨	←--①--①--①--①--①--
김	←--①--①--①--①--①--
비	←--①--①--①--①--①--

대문	←--②--②--②--②--②
기념	←--②--②--②--②--②
경비	←--②--②--②--②--②

통나무	←--③--③--③--③--
고모부	←--③--③--③--③--
남태령	←--③--③--③--③--

The Super Speed Reading

* 턱을 아래로 당긴 상태에서 훈련하세요.
* 글자 한 자~세 자까지 아래로 이동하여 ❶호~❿호까지 반복 훈련하세요.
* 시간이 단축될 수 있도록 매번 소요 시간을 꼭 기록하세요.

초급 기초 훈련

점 →

──①──①──①──①──①──→   깨

──①──①──①──①──①──→   김

──①──①──①──①──①──→   비

②──②──②──②──②──→   대문

②──②──②──②──②──→   기념

②──②──②──②──②──→   경비

──③──③──③──③──→   통나무

──③──③──③──③──→   고모부

──③──③──③──③──→   남태령

Ⅲ. 글자 인지 시야 확대 훈련   71

The Super Speed Reading

글자 인지 시야 확대 〔1글자~3글자〕 훈련 ❼

* 시점은 책을 펼쳐서 두 쪽 중심의 제본선 상단에 위치하세요.
* 머리는 고정하고 안구를 움직여 좌(左)·우(右)의 글자를 인지하세요.

← 시

흙	←--①--①--①--①--①--
감	←--①--①--①--①--①--
귤	←--①--①--①--①--①--
주차	←--②--②--②--②--②
타자	←--②--②--②--②--②
통화	←--②--②--②--②--②
화물차	←--③--③--③--③--
이순신	←--③--③--③--③--
하늘색	←--③--③--③--③--

The Super Speed Reading

초급 기초 훈련

* 턱을 아래로 당긴 상태에서 훈련하세요.
* 글자 한 자~세 자까지 아래로 이동하여 ❶호~❿호까지 반복 훈련하세요.
* 시간이 단축될 수 있도록 매번 소요 시간을 꼭 기록하세요.

점 →

──①──①──①──①──①──→   흙

──①──①──①──①──①──→   감

──①──①──①──①──①──→   굴

②──②──②──②──②──→   주차

②──②──②──②──②──→   타자

②──②──②──②──②──→   통화

──③──③──③──③──→   화물차

──③──③──③──③──→   이순신

──③──③──③──③──→   하늘색

Ⅲ. 글자 인지 시야 확대 훈련   73

The Super Speed Reading

글자 인지 시야 확대 `1글자~3글자` 훈련 ⑧

* 시점은 책을 펼쳐서 두 쪽 중심의 제본선 상단에 위치하세요.
* 머리는 고정하고 안구를 움직여 좌(左)·우(右)의 글자를 인지하세요.

← 시

소	← ①--①--①--①--① --
돌	← ①--①--①--①--① --
벽	← ①--①--①--①--① --

서울	← ②--②--②--②--②
포도	← ②--②--②--②--②
역사	← ②--②--②--②--②

물안경	← ③--③--③--③--
경찰관	← ③--③--③--③--
자전거	← ③--③--③--③--

The Super Speed Reading

초급 기초 훈련

* 턱을 아래로 당긴 상태에서 훈련하세요.
* 글자 한 자~세 자까지 아래로 이동하여 ❶호~❿호까지 반복 훈련하세요.
* 시간이 단축될 수 있도록 매번 소요 시간을 꼭 기록하세요.

점 →

--①--①--①--①--①--→   소

--①--①--①--①--①--→   돌

--①--①--①--①--①--→   벽

②--②--②--②--②--→   서울

②--②--②--②--②--→   포도

②--②--②--②--②--→   역사

--③--③--③--③--→   물안경

--③--③--③--③--→   경찰관

--③--③--③--③--→   자전거

Ⅲ. 글자 인지 시야 확대 훈련

The Super Speed Reading

글자 인지 시야 확대 [1글자~3글자] 훈련 ❾

*시점은 책을 펼쳐서 두 쪽 중심의 제본선 상단에 위치하세요.
*머리는 고정하고 안구를 움직여 좌(左)·우(右)의 글자를 인지하세요.

← 시

밤	←――①――①――①――①――①――
쌀	←――①――①――①――①――①――
강	←――①――①――①――①――①――

신령	←――②――②――②――②――②
나물	←――②――②――②――②――②
독립	←――②――②――②――②――②

소방서	←――③――③――③――③――
노란색	←――③――③――③――③――
장난감	←――③――③――③――③――

The Super Speed Reading

초급 기초 훈련

* 턱을 아래로 당긴 상태에서 훈련하세요.
* 글자 한 자~세 자까지 아래로 이동하여 ❶호~❿호까지 반복 훈련하세요.
* 시간이 단축될 수 있도록 매번 소요 시간을 꼭 기록하세요.

점 →

①--①--①--①--①--→   밤
①--①--①--①--①--→   쌀
①--①--①--①--①--→   강

②--②--②--②--②--→   신령
②--②--②--②--②--→   나물
②--②--②--②--②--→   독립

③--③--③--③--→   소방서
③--③--③--③--→   노란색
③--③--③--③--→   장난감

Ⅲ. 글자 인지 시야 확대 훈련　77

The Super Speed Reading

글자 인지 시야 확대 `1글자~3글자` 훈련 ⑩

* 시점은 책을 펼쳐서 두 쪽 중심의 제본선 상단에 위치하세요.
* 머리는 고정하고 안구를 움직여 좌(左)·우(右)의 글자를 인지하세요.

← 시

파	←---①---①---①---①---①--
담	←---①---①---①---①---①--
창	←---①---①---①---①---①--

전화	←---②---②---②---②---②
도서	←---②---②---②---②---②
나무	←---②---②---②---②---②

불국사	←---③---③---③---③--
지리산	←---③---③---③---③--
우등생	←---③---③---③---③--

The Super Speed Reading

초급 기초 훈련

* 턱을 아래로 당긴 상태에서 훈련하세요.
* 글자 한 자~세 자까지 아래로 이동하여 ❶호~❿호까지 반복 훈련하세요.
* 시간이 단축될 수 있도록 매번 소요 시간을 꼭 기록하세요.

점 →

──①──①──①──①──①───→   파

──①──①──①──①──①───→   담

──①──①──①──①──①───→   창

②──②──②──②──②───→   전화

②──②──②──②──②───→   도서

②──②──②──②──②───→   나무

──③──③──③──③───→   불국사

──③──③──③──③───→   지리산

──③──③──③──③───→   우등생

Ⅲ. 글자 인지 시야 확대 훈련

The Super Speed Reading

■ 시야 확대 1글자~3글자 인지 훈련 기록표

기록이 향상되도록 매회 소요 시간을 꼭 적으세요.

1차 : 초	2차 : 초	3차 : 초
4차 : 초	5차 : 초	6차 : 초
7차 : 초	8차 : 초	9차 : 초
10차 : 초	11차 : 초	12차 : 초
13차 : 초	14차 : 초	15차 : 초
16차 : 초	17차 : 초	18차 : 초
19차 : 초	20차 : 초	21차 : 초
22차 : 초	23차 : 초	24차 : 초
25차 : 초	26차 : 초	27차 : 초
28차 : 초	29차 : 초	30차 : 초

The Super Speed Reading

>>> 단어 인지 집중력 두뇌 테스트　　　　　훈련 1호

- 선택된 단어 하나를 주시하고 있다가 시작과 동시에 인지하세요.
- 아래의 같은 단어를 (10초 이내) 인지하면서 개수를 세어서 기록하세요.
- 시점을 중심에 두고 한 줄씩 빠르게 인지하여 수직으로 이동하세요.
- 개수가 맞는지 다시 한번 천천히 확인하세요.

소나무 감 코끼리

매미 파란하늘 기린 코끼리

기린 소나무 잠자리 무지개

기린 무지개 소나무 사자 고래

곰 무지개 고래 소나무 잠자리 코끼리 곰

매미 무지개 코끼리 사자 고래 기린 매미

잠자리 소나무 매미 기린 소나무 파란하늘 귤 코끼리

기린 무지개 코끼리 잠자리 소나무 파란하늘 매미

파란하늘 사자 무지개 곰 매미 사자

소나무 감 무지개 파란하늘 감 귤

무지개 잠자리 파란하늘 잠자리

귤 기린 감 사자 곰 사자

곰 무지개 코끼리

82　제일 빠른 속독법 그대로 따라하기(초급)

단어 인지 & 집중력 두뇌 테스트 기록표

기록이 향상되도록 매회 소요 시간을 꼭 적으세요.

1차 : 개 초	2차 : 개 초	3차 : 개 초
4차 : 개 초	5차 : 개 초	6차 : 개 초
7차 : 개 초	8차 : 개 초	9차 : 개 초
10차 : 개 초	11차 : 개 초	12차 : 개 초
13차 : 개 초	14차 : 개 초	15차 : 개 초
16차 : 개 초	17차 : 개 초	18차 : 개 초
19차 : 개 초	20차 : 개 초	21차 : 개 초
22차 : 개 초	23차 : 개 초	24차 : 개 초
25차 : 개 초	26차 : 개 초	27차 : 개 초
28차 : 개 초	29차 : 개 초	30차 : 개 초

Ⅲ. 글자 인지 시야 확대 훈련

The Super Speed Reading

두뇌체조 | 글자 색 [집중력 훈련] ①호

 다음 글자의 색만 소리내어 읽으세요.[소요 시간은: 30초 내]
예 (검정) 이 글자는 파랑으로 소리내어 읽으면 됩니다.
＊매회 소요 시간을 기록하여 단축 훈련하세요.

출발 →

파랑	검정	초록	빨강	검정
검정	파랑	노랑	초록	빨강
파랑	빨강	검정	노랑	초록
노랑	초록	파랑	노랑	빨강
빨강	노랑	빨강	파랑	검정
노랑	파랑	검정	초록	빨강
검정	초록	빨강	파랑	노랑
파랑	검정	초록	빨강	노랑
노랑	파랑	초록	빨강	검정
빨강	초록	노랑	초록	검정

종료 →

| ① 초 | ② 초 | ③ 초 | ④ 초 | ⑤ 초 |
| ⑥ 초 | ⑦ 초 | ⑧ 초 | ⑨ 초 | ⑩ 초 |

스피드 & 집중력 향상을 위한 훈련 기록표

기록이 향상되도록 매회 소요 시간을 꼭 적으세요.

1차 : 초	2차 : 초	3차 : 초
4차 : 초	5차 : 초	6차 : 초
7차 : 초	8차 : 초	9차 : 초
10차 : 초	11차 : 초	12차 : 초
13차 : 초	14차 : 초	15차 : 초
16차 : 초	17차 : 초	18차 : 초
19차 : 초	20차 : 초	21차 : 초
22차 : 초	23차 : 초	24차 : 초
25차 : 초	26차 : 초	27차 : 초
28차 : 초	29차 : 초	30차 : 초

■ 스피드 & 집중력 향상을 위한 훈련 기록표

기록이 향상되도록 매회 소요 시간을 꼭 적으세요.

31차 : 초	32차 : 초	33차 : 초
34차 : 초	35차 : 초	36차 : 초
37차 : 초	38차 : 초	39차 : 초
40차 : 초	41차 : 초	42차 : 초
43차 : 초	44차 : 초	45차 : 초
46차 : 초	47차 : 초	48차 : 초
49차 : 초	50차 : 초	51차 : 초
52차 : 초	53차 : 초	54차 : 초
55차 : 초	56차 : 초	57차 : 초
58차 : 초	59차 : 초	60차 : 초

Ⅳ 한 줄 글자 인지 훈련

1단계 : 한 줄 글자 인지훈련 설명

1. 시점을 중심에 두고 최대한 글자 기호를 명확히 보면서 좌, 우의 진한 색 글자 기호를 순간 인지하면서 아래로 이동한다.
2. 시야를 최대한 확보하고 빠른 눈의 움직임과 정확한 글자 인지 능력을 위하여 연속적으로 훈련한다.
3. 한 줄 인지 훈련부터 아홉 줄 인지 훈련까지는 단계별로 시야를 점점 확보하여 보다 넓은 시야를 가지고 있어야 한다.
4. 실전 문장 훈련에 있어서 글자 군(群)을 형성하면서 마음의 느낌으로 읽어나간다.
5. ①호~⑩호까지 다 이동하면 다시 ①호로 이어져 훈련하다가 1분이 되면 그 위치에 정지한다.
6. 점차적으로 시야를 확대하여 넓혀나간다.
7. 1분 단위로 훈련하고 글자 수를 꼭 기록한다.

1단계 한 줄 글자 기호 인지 훈련 ❶호

시점을 중심에 두고 좌(左)에서 우로, 우(右)에서 좌로 빠르게 이동하세요.

시점
← • →

가 → 가 → 가 → 가 → 가 → 가 → 가 → 가 → 가 → 가 → 가 → 가	12자
나 ← 나 ← 나 ← 나 ← 나 ← 나 ← 나 ← 나 ← 나 ← 나 ← 나 ← 나	24자
다 → 다 → 다 → 다 → 다 → 다 → 다 → 다 → 다 → 다 → 다 → 다	36자
라 ← 라 ← 라 ← 라 ← 라 ← 라 ← 라 ← 라 ← 라 ← 라 ← 라 ← 라	48자
마 → 마 → 마 → 마 → 마 → 마 → 마 → 마 → 마 → 마 → 마 → 마	60자
바 ← 바 ← 바 ← 바 ← 바 ← 바 ← 바 ← 바 ← 바 ← 바 ← 바 ← 바	72자
사 → 사 → 사 → 사 → 사 → 사 → 사 → 사 → 사 → 사 → 사 → 사	84자
아 ← 아 ← 아 ← 아 ← 아 ← 아 ← 아 ← 아 ← 아 ← 아 ← 아 ← 아	96자
자 → 자 → 자 → 자 → 자 → 자 → 자 → 자 → 자 → 자 → 자 → 자	108자
차 ← 차 ← 차 ← 차 ← 차 ← 차 ← 차 ← 차 ← 차 ← 차 ← 차 ← 차	120자
카 → 카 → 카 → 카 → 카 → 카 → 카 → 카 → 카 → 카 → 카 → 카	132자
타 ← 타 ← 타 ← 타 ← 타 ← 타 ← 타 ← 타 ← 타 ← 타 ← 타 ← 타	144자
파 → 파 → 파 → 파 → 파 → 파 → 파 → 파 → 파 → 파 → 파 → 파	156자
하 ← 하 ← 하 ← 하 ← 하 ← 하 ← 하 ← 하 ← 하 ← 하 ← 하 ← 하	168자
가 → 가 → 가 → 가 → 가 → 가 → 가 → 가 → 가 → 가 → 가 → 가	180자

Ⅳ. 한 줄 글자 인지훈련

The Super Speed Reading

1단계 한 줄 글자 기호 인지 훈련 ❷호

시점을 중심에 두고 좌(左)에서 우로, 우(右)에서 좌로 빠르게 이동하세요.

시점
← • →

가→가→가→가→가→가→가→가→가→가→가→가	192자
나←나←나←나←나←나←나←나←나←나←나←나	204자
다→다→다→다→다→다→다→다→다→다→다→다	216자
라←라←라←라←라←라←라←라←라←라←라←라	228자
마→마→마→마→마→마→마→마→마→마→마→마	240자
바←바←바←바←바←바←바←바←바←바←바←바	252자
사→사→사→사→사→사→사→사→사→사→사→사	264자
아←아←아←아←아←아←아←아←아←아←아←아	276자
자→자→자→자→자→자→자→자→자→자→자→자	288자
차←차←차←차←차←차←차←차←차←차←차←차	300자
카→카→카→카→카→카→카→카→카→카→카→카	312자
타←타←타←타←타←타←타←타←타←타←타←타	324자
파→파→파→파→파→파→파→파→파→파→파→파	336자
하←하←하←하←하←하←하←하←하←하←하←하	348자
가→가→가→가→가→가→가→가→가→가→가→가	360자

1단계 한 줄 글자 기호 인지 훈련 ❸호

시점을 중심에 두고 좌(左)에서 우로, 우(右)에서 좌로 빠르게 이동하세요.

시점
← • →

줄	글자 수
가 → 가 → 가 → 가 → 가 → 가 → 가 → 가 → 가 → 가 → 가 → 가	372자
나 ← 나 ← 나 ← 나 ← 나 ← 나 ← 나 ← 나 ← 나 ← 나 ← 나 ← 나	384자
다 → 다 → 다 → 다 → 다 → 다 → 다 → 다 → 다 → 다 → 다 → 다	396자
라 ← 라 ← 라 ← 라 ← 라 ← 라 ← 라 ← 라 ← 라 ← 라 ← 라 ← 라	408자
마 → 마 → 마 → 마 → 마 → 마 → 마 → 마 → 마 → 마 → 마 → 마	420자
바 ← 바 ← 바 ← 바 ← 바 ← 바 ← 바 ← 바 ← 바 ← 바 ← 바 ← 바	432자
사 → 사 → 사 → 사 → 사 → 사 → 사 → 사 → 사 → 사 → 사 → 사	444자
아 ← 아 ← 아 ← 아 ← 아 ← 아 ← 아 ← 아 ← 아 ← 아 ← 아 ← 아	456자
자 → 자 → 자 → 자 → 자 → 자 → 자 → 자 → 자 → 자 → 자 → 자	468자
차 ← 차 ← 차 ← 차 ← 차 ← 차 ← 차 ← 차 ← 차 ← 차 ← 차 ← 차	480자
카 → 카 → 카 → 카 → 카 → 카 → 카 → 카 → 카 → 카 → 카 → 카	492자
타 ← 타 ← 타 ← 타 ← 타 ← 타 ← 타 ← 타 ← 타 ← 타 ← 타 ← 타	504자
파 → 파 → 파 → 파 → 파 → 파 → 파 → 파 → 파 → 파 → 파 → 파	516자
하 ← 하 ← 하 ← 하 ← 하 ← 하 ← 하 ← 하 ← 하 ← 하 ← 하 ← 하	528자
가 → 가 → 가 → 가 → 가 → 가 → 가 → 가 → 가 → 가 → 가 → 가	540자

Ⅳ. 한 줄 글자 인지훈련

The Super Speed Reading

1단계 한 줄 글자 기호 인지 훈련 ❹호

시점을 중심에 두고 좌(左)에서 우로, 우(右)에서 좌로 빠르게 이동하세요.

시점
← · →

글자	글자수
가→가→가→가→가→가→가→가→가→가→가→가	552자
나←나←나←나←나←나←나←나←나←나←나←나	564자
다→다→다→다→다→다→다→다→다→다→다→다	576자
라←라←라←라←라←라←라←라←라←라←라←라	588자
마→마→마→마→마→마→마→마→마→마→마→마	600자
바←바←바←바←바←바←바←바←바←바←바←바	612자
사→사→사→사→사→사→사→사→사→사→사→사	624자
아←아←아←아←아←아←아←아←아←아←아←아	636자
자→자→자→자→자→자→자→자→자→자→자→자	648자
차←차←차←차←차←차←차←차←차←차←차←차	660자
카→카→카→카→카→카→카→카→카→카→카→카	672자
타←타←타←타←타←타←타←타←타←타←타←타	684자
파→파→파→파→파→파→파→파→파→파→파→파	696자
하←하←하←하←하←하←하←하←하←하←하←하	708자
가→가→가→가→가→가→가→가→가→가→가→가	720자

1단계 한 줄 글자 기호 인지 훈련 ❺호

시점을 중심에 두고 좌(左)에서 우로, 우(右)에서 좌로 빠르게 이동하세요.

시점
← · →

가→가→가→가→가→가→가→가→가→가→가→가	732자
나←나←나←나←나←나←나←나←나←나←나←나	744자
다→다→다→다→다→다→다→다→다→다→다→다	756자
라←라←라←라←라←라←라←라←라←라←라←라	768자
마→마→마→마→마→마→마→마→마→마→마→마	780자
바←바←바←바←바←바←바←바←바←바←바←바	792자
사→사→사→사→사→사→사→사→사→사→사→사	804자
아←아←아←아←아←아←아←아←아←아←아←아	816자
자→자→자→자→자→자→자→자→자→자→자→자	828자
차←차←차←차←차←차←차←차←차←차←차←차	840자
카→카→카→카→카→카→카→카→카→카→카→카	852자
타←타←타←타←타←타←타←타←타←타←타←타	864자
파→파→파→파→파→파→파→파→파→파→파→파	876자
하←하←하←하←하←하←하←하←하←하←하←하	888자
가→가→가→가→가→가→가→가→가→가→가→가	900자

The Super Speed Reading

1단계   한 줄 글자 기호 인지 훈련 ❻호

시점을 중심에 두고 좌(左)에서 우로, 우(右)에서 좌로 빠르게 이동하세요.

시점
← • →

가 → 가 → 가 → 가 → 가 → 가 → 가 → 가 → 가 → 가 → 가 → 가	912자
나 ← 나 ← 나 ← 나 ← 나 ← 나 ← 나 ← 나 ← 나 ← 나 ← 나 ← 나	924자
다 → 다 → 다 → 다 → 다 → 다 → 다 → 다 → 다 → 다 → 다 → 다	936자
라 ← 라 ← 라 ← 라 ← 라 ← 라 ← 라 ← 라 ← 라 ← 라 ← 라 ← 라	948자
마 → 마 → 마 → 마 → 마 → 마 → 마 → 마 → 마 → 마 → 마 → 마	960자
바 ← 바 ← 바 ← 바 ← 바 ← 바 ← 바 ← 바 ← 바 ← 바 ← 바 ← 바	972자
사 → 사 → 사 → 사 → 사 → 사 → 사 → 사 → 사 → 사 → 사 → 사	984자
아 ← 아 ← 아 ← 아 ← 아 ← 아 ← 아 ← 아 ← 아 ← 아 ← 아 ← 아	996자
자 → 자 → 자 → 자 → 자 → 자 → 자 → 자 → 자 → 자 → 자 → 자	1,008자
차 ← 차 ← 차 ← 차 ← 차 ← 차 ← 차 ← 차 ← 차 ← 차 ← 차 ← 차	1,020자
카 → 카 → 카 → 카 → 카 → 카 → 카 → 카 → 카 → 카 → 카 → 카	1,032자
타 ← 타 ← 타 ← 타 ← 타 ← 타 ← 타 ← 타 ← 타 ← 타 ← 타 ← 타	1,044자
파 → 파 → 파 → 파 → 파 → 파 → 파 → 파 → 파 → 파 → 파 → 파	1,056자
하 ← 하 ← 하 ← 하 ← 하 ← 하 ← 하 ← 하 ← 하 ← 하 ← 하 ← 하	1,068자
가 → 가 → 가 → 가 → 가 → 가 → 가 → 가 → 가 → 가 → 가 → 가	1,080자

1단계 한 줄 글자 기호 인지 훈련 ❼호

시점을 중심에 두고 좌(左)에서 우로, 우(右)에서 좌로 빠르게 이동하세요.

시점
← · →

가→가→가→가→가→가→가→가→가→가→가→가	1,092자
나←나←나←나←나←나←나←나←나←나←나←나	1,104자
다→다→다→다→다→다→다→다→다→다→다→다	1,116자
라←라←라←라←라←라←라←라←라←라←라←라	1,128자
마→마→마→마→마→마→마→마→마→마→마→마	1,140자
바←바←바←바←바←바←바←바←바←바←바←바	1,152자
사→사→사→사→사→사→사→사→사→사→사→사	1,164자
아←아←아←아←아←아←아←아←아←아←아←아	1,176자
자→자→자→자→자→자→자→자→자→자→자→자	1,188자
차←차←차←차←차←차←차←차←차←차←차←차	1,200자
카→카→카→카→카→카→카→카→카→카→카→카	1,212자
타←타←타←타←타←타←타←타←타←타←타←타	1,224자
파→파→파→파→파→파→파→파→파→파→파→파	1,236자
하←하←하←하←하←하←하←하←하←하←하←하	1,248자
가→가→가→가→가→가→가→가→가→가→가→가	1,260자

The Super Speed Reading

1단계　한 줄 글자 기호 인지 훈련 ❽호

시점을 중심에 두고 좌(左)에서 우로, 우(右)에서 좌로 빠르게 이동하세요.

시점
← · →

가→가→가→가→가→가→가→가→가→가→가→가	1,272자
나←나←나←나←나←나←나←나←나←나←나←나	1,284자
다→다→다→다→다→다→다→다→다→다→다→다	1,296자
라←라←라←라←라←라←라←라←라←라←라←라	1,308자
마→마→마→마→마→마→마→마→마→마→마→마	1,320자
바←바←바←바←바←바←바←바←바←바←바←바	1,332자
사→사→사→사→사→사→사→사→사→사→사→사	1,344자
아←아←아←아←아←아←아←아←아←아←아←아	1,356자
자→자→자→자→자→자→자→자→자→자→자→자	1,368자
차←차←차←차←차←차←차←차←차←차←차←차	1,380자
카→카→카→카→카→카→카→카→카→카→카→카	1,392자
타←타←타←타←타←타←타←타←타←타←타←타	1,404자
파→파→파→파→파→파→파→파→파→파→파→파	1,416자
하←하←하←하←하←하←하←하←하←하←하←하	1,428자
가→가→가→가→가→가→가→가→가→가→가→가	1,440자

1단계 한 줄 글자 기호 인지 훈련 ❾호

시점을 중심에 두고 좌(左)에서 우로, 우(右)에서 좌로 빠르게 이동하세요.

시점
← · →

가 → 가 → 가 → 가 → 가 → 가 → 가 → 가 → 가 → 가 → 가 → 가	1,452자
나 ← 나 ← 나 ← 나 ← 나 ← 나 ← 나 ← 나 ← 나 ← 나 ← 나 ← 나	1,464자
다 → 다 → 다 → 다 → 다 → 다 → 다 → 다 → 다 → 다 → 다 → 다	1,476자
라 ← 라 ← 라 ← 라 ← 라 ← 라 ← 라 ← 라 ← 라 ← 라 ← 라 ← 라	1,488자
마 → 마 → 마 → 마 → 마 → 마 → 마 → 마 → 마 → 마 → 마 → 마	1,500자
바 ← 바 ← 바 ← 바 ← 바 ← 바 ← 바 ← 바 ← 바 ← 바 ← 바 ← 바	1,512자
사 → 사 → 사 → 사 → 사 → 사 → 사 → 사 → 사 → 사 → 사 → 사	1,524자
아 ← 아 ← 아 ← 아 ← 아 ← 아 ← 아 ← 아 ← 아 ← 아 ← 아 ← 아	1,536자
자 → 자 → 자 → 자 → 자 → 자 → 자 → 자 → 자 → 자 → 자 → 자	1,548자
차 ← 차 ← 차 ← 차 ← 차 ← 차 ← 차 ← 차 ← 차 ← 차 ← 차 ← 차	1,560자
카 → 카 → 카 → 카 → 카 → 카 → 카 → 카 → 카 → 카 → 카 → 카	1,572자
타 ← 타 ← 타 ← 타 ← 타 ← 타 ← 타 ← 타 ← 타 ← 타 ← 타 ← 타	1,584자
파 → 파 → 파 → 파 → 파 → 파 → 파 → 파 → 파 → 파 → 파 → 파	1,596자
하 ← 하 ← 하 ← 하 ← 하 ← 하 ← 하 ← 하 ← 하 ← 하 ← 하 ← 하	1,608자
가 → 가 → 가 → 가 → 가 → 가 → 가 → 가 → 가 → 가 → 가 → 가	1,620자

Ⅳ. 한 줄 글자 인지훈련

The Super Speed Reading

1단계 한 줄 글자 기호 인지 훈련 ❿호

시점을 중심에 두고 좌(左)에서 우로, 우(右)에서 좌로 빠르게 이동하세요.

시점
← · →

가 → 가 → 가 → 가 → 가 → 가 → 가 → 가 → 가 → 가 → 가 → 가   1,632자
나 ← 나 ← 나 ← 나 ← 나 ← 나 ← 나 ← 나 ← 나 ← 나 ← 나 ← 나   1,644자
다 → 다 → 다 → 다 → 다 → 다 → 다 → 다 → 다 → 다 → 다 → 다   1,656자
라 ← 라 ← 라 ← 라 ← 라 ← 라 ← 라 ← 라 ← 라 ← 라 ← 라 ← 라   1,668자
마 → 마 → 마 → 마 → 마 → 마 → 마 → 마 → 마 → 마 → 마 → 마   1,680자
바 ← 바 ← 바 ← 바 ← 바 ← 바 ← 바 ← 바 ← 바 ← 바 ← 바 ← 바   1,692자
사 → 사 → 사 → 사 → 사 → 사 → 사 → 사 → 사 → 사 → 사 → 사   1,704자
아 ← 아 ← 아 ← 아 ← 아 ← 아 ← 아 ← 아 ← 아 ← 아 ← 아 ← 아   1,716자
자 → 자 → 자 → 자 → 자 → 자 → 자 → 자 → 자 → 자 → 자 → 자   1,728자
차 ← 차 ← 차 ← 차 ← 차 ← 차 ← 차 ← 차 ← 차 ← 차 ← 차 ← 차   1,740자
카 → 카 → 카 → 카 → 카 → 카 → 카 → 카 → 카 → 카 → 카 → 카   1,752자
타 ← 타 ← 타 ← 타 ← 타 ← 타 ← 타 ← 타 ← 타 ← 타 ← 타 ← 타   1,764자
파 → 파 → 파 → 파 → 파 → 파 → 파 → 파 → 파 → 파 → 파 → 파   1,776자
하 ← 하 ← 하 ← 하 ← 하 ← 하 ← 하 ← 하 ← 하 ← 하 ← 하 ← 하   1,788자
가 → 가 → 가 → 가 → 가 → 가 → 가 → 가 → 가 → 가 → 가 → 가   1,800자

■ 한 줄 글자 기호 인지 훈련 기록표

 실력이 향상되도록 1분 단위로 매회 글자 수를 꼭 기록하세요.

1차 : 자	2차 : 자	3차 : 자
4차 : 자	5차 : 자	6차 : 자
7차 : 자	8차 : 자	9차 : 자
10차 : 자	11차 : 자	12차 : 자
13차 : 자	14차 : 자	15차 : 자
16차 : 자	17차 : 자	18차 : 자
19차 : 자	20차 : 자	21차 : 자
22차 : 자	23차 : 자	24차 : 자
25차 : 자	26차 : 자	27차 : 자
28차 : 자	29차 : 자	30차 : 자

The Super Speed Reading
글자 인지(認知) 능력 훈련표 1호

훈련 설명

1. 불러 준 훈련 낱말의 단어를 10초 이내 인지 하세요.
2. 두 글자 찾기 훈련이 끝나면 세 글자 찾기 훈련으로 하세요.
3. 예를 들어 국어를 찾을 때 "국"보다 "어"를 먼저 찾아도 됩니다.
4. 글자 수가 한 글자 더 늘어나도 10초를 초과할 수 없습니다.
5. 매일 단어를 바꾸어서 꾸준히 훈련하세요.

훈련 낱말 — 두 글자 인지훈련 소요 시간 기록표

10초가 넘으면 기록하지 마세요.

낱말	1차	2차	3차	4차	5차
행복	초	초	초	초	초
편지	초	초	초	초	초
날짜	초	초	초	초	초
일기	초	초	초	초	초
요일	초	초	초	초	초
모습	초	초	초	초	초
사슴	초	초	초	초	초
독도	초	초	초	초	초
축구	초	초	초	초	초
방법	초	초	초	초	초
승부	초	초	초	초	초
감동	초	초	초	초	초
천재	초	초	초	초	초
배꼽	초	초	초	초	초
학교	초	초	초	초	초

훈련 낱말 — 세 글자 인지훈련 소요 시간 기록표

10초가 넘으면 기록하지 마세요.

낱말	1차	2차	3차	4차	5차
태권도	초	초	초	초	초
드디어	초	초	초	초	초
스포츠	초	초	초	초	초
노래방	초	초	초	초	초
선생님	초	초	초	초	초
화장실	초	초	초	초	초
탬버린	초	초	초	초	초
발라드	초	초	초	초	초
갑자기	초	초	초	초	초
집주소	초	초	초	초	초
체육관	초	초	초	초	초
소나기	초	초	초	초	초
발차기	초	초	초	초	초
후반전	초	초	초	초	초
겨루기	초	초	초	초	초

The Super Speed Reading

훈련 낱말 — 두 글자 인지훈련 소요 시간 기록표

10초가 넘으면 기록하지 마세요.

낱말	6차	7차	8차	9차	10차
행복	초	초	초	초	초
편지	초	초	초	초	초
날짜	초	초	초	초	초
일기	초	초	초	초	초
요일	초	초	초	초	초
모습	초	초	초	초	초
사슴	초	초	초	초	초
독도	초	초	초	초	초
축구	초	초	초	초	초
방법	초	초	초	초	초
승부	초	초	초	초	초
감동	초	초	초	초	초
천재	초	초	초	초	초
배꼽	초	초	초	초	초
학교	초	초	초	초	초

훈련 낱말 — 세 글자 인지훈련 소요 시간 기록표

10초가 넘으면 기록하지 마세요.

낱말	6차	7차	8차	9차	10차
태권도	초	초	초	초	초
드디어	초	초	초	초	초
스포츠	초	초	초	초	초
노래방	초	초	초	초	초
선생님	초	초	초	초	초
화장실	초	초	초	초	초
탬버린	초	초	초	초	초
발라드	초	초	초	초	초
갑자기	초	초	초	초	초
집주소	초	초	초	초	초
체육관	초	초	초	초	초
소나기	초	초	초	초	초
발차기	초	초	초	초	초
후반전	초	초	초	초	초
겨루기	초	초	초	초	초

V

한 줄 글자 내용 인지 훈련

- 가나다순 한 줄 트레이닝
- 곰과 머리 좋은 여우
- 은혜 갚은 개미와 개구리
- 나라와 민족을 위한 애국자

글자 내용 인지 훈련 ❶호

시점을 한 줄의 횡 중심에 두고 ⌇방향으로 내용을 빠르게 순간 인지하면서 수직으로 이동한다.

【가나다순 한 줄 트레이닝】   총 글자 수 : 291자

가재를 가지고 놀던 아이들이 개울물에 놓아 주었다.

나비가 나풀거리며 날아와서 꽃밭에 앉았다.

다람쥐가 다리 위로 도망가다가 다리를 다쳤다.

라면을 끓이는데 떡을 넣어서 떡라면이 되었다.

마부가 마구간에서 말을 타고 마구 달리고 있다.   96자

바둑이가 바둑판에 올라가서 바둑알을 물고 갔다.

사나운 사자가 사과를 맛있게 먹고 있다.

아침에 악어가 먹이를 한입에 넣어 먹고 있다.

자전거를 타고 가다가 자동차와 정면으로 충돌했다.

차를 타고 가는데 차가운 바람이 창문 틈으로 들어온다.   193자

카나리아 새가 아카시아 나무에 앉아 있다가 날아갔다.

타조 등에 내가 타고 달리니 너무 재미있고 기분이 좋다.

파리가 파도에 밀려서 둥둥 떠다니고 있다.

하마가 하품을 하는데 입이 너무 크게 벌어졌다.

가수가 가곡을 부르니 관중이 열광하고 있다.   291자

The Super Speed Reading

글자 내용 인지 훈련 ❷호

시점을 한 줄의 횡 중심에 두고 ⤵ 방향으로 내용을 빠르게 순간 인지하면서 수직으로 이동한다.

【곰과 머리 좋은 여우】   총 글자 수 : 599자

곰 한 마리가 배가 몹시 고파 힘없이 어슬렁어슬렁 포도밭 밑을 걸어가고 있습니다. 원숭이 한 마리는 포도 넝쿨 위에서 잘 익은 포도를 맛있게 따먹고 있었습니다.

곰은 포도송이를 보는 순간 너무나 먹고 싶어 온 힘을 다하여 폴짝 폴짝 뛰어 올랐습니다.

99자

그러나 아무리 뛰어 보아도 도저히 이 무거운 몸으로는 포도를 따먹을 수가 없었습니다.

곰은 혼자서 중얼거리며 그만 포기하고 있었습니다.

그런데 지나가던 여우가 "머리를 잘 쓰면 저 맛있는 포도를 많이 먹을 수 있다"고 이야기를 했습니다. 아무리 생각해도 좋은 생각이 떠오르지 않아 여우에게 사정을 했습니다.

207자

맛있는 포도를 먹을 수 있는 방법을 알려달라고 곰은 사정했습니다.

여우는 그냥 가르쳐 줄 수가 없다며 곰에게 멋있게 춤을 추면 가르쳐 준다고 했습니다.

곰은 여우에게 "정말 춤을 추면 가르쳐 주는 거지?"

303자

106 제일 빠른 속독법 그대로 따라하기(초급)

글자 내용 인지 훈련 ❸호

시점을 한 줄의 횡 중심에 두고 ⤵방향으로 내용을 빠르게 순간 인지하면서 수직으로 이동한다.

이렇게 말하고 곰은 하는 수 없이 그 포도를 먹기 위해서 여우 앞에서 열심히 멋있게 춤을 추었습니다.

그리고, 여우에게 방법을 알려 달라고 했습니다.

여우의 말은 의외로 간단하였습니다.

그 원숭이를 보고 마구 놀리라고 말했습니다.   395자

"어떻게 놀리면 되지!"

"원숭이 엉덩이는 빨개"라고 놀리라고 말을 했습니다.

곰은 여우의 지시에 따라 여러 번 계속하여 놀렸습니다.

포도를 먹던 원숭이는 너무 화가 나서 손으로 포도송이를 따는 즉시 계속 곰에게 던졌습니다.   483자

곰은 그 맛있는 포도를 여우 덕분에 많이 먹을 수 있었습니다!

여우는 역시 머리가 좋은지 꾀가 많은지 잘 모르겠습니다.

사람은 머리를 쓰면 쓸수록 두뇌가 발달하는 것입니다.

앞으로는 무엇이든 한번 더 생각하는 습관을 기릅시다

그러면, 누구나 더욱더 좋은 방법을 머리에 떠올릴 수 있습니다.   599자

The Super Speed Reading

글자 내용 인지 훈련 ❹호

시점을 한 줄의 횡 중심에 두고 ⤵방향으로 내용을 빠르게 순간 인지하면서 수직으로 이동한다.

【은혜 갚은 개미와 개구리】　　　　　총 글자 수 : 911자

날씨가 매우 무더운 어느 여름날이었습니다.

개미는 땀을 뻘뻘 흘리면서 일을 열심히 하고 있었습니다.

그런데, 목이 말라서 근처 연못으로 갔습니다.

물을 먹으려는 순간 그만 발이 미끄러져 물에 풍덩 빠지고 말았습니다. 바로 그때였습니다.　　　　　　　　　　　　　　96자

연못 한가운데에서 어린 개구리 한 마리가 신나게 수영을 하며 놀고 있었습니다.

물에 빠진 개미는 당황하여 큰 소리로 "살려주세요,

살려주세요!" 하며 소리를 쳤습니다.

물놀이를 하고 있던 어린 개구리는 깜짝 놀라서 돌아보니 개미가 　188자

물에 빠져 있는 것이 보였습니다.

개구리는 얼른 개미에게로 열심히 헤엄쳐 다가갔습니다.

"개미야 걱정하지 말고 어서 내 등에 올라타." 하며 개구리가 말했습니다. 개미는 너무 당황한 나머지 개구리에게 너무 고마워하면서

개구리의 다리를 꽉 잡았습니다.　　　　　　　　　　　　　　289자

글자 내용 인지 훈련 ❺호

시점을 한 줄의 횡 중심에 두고 ⤴ 방향으로 내용을 빠르게 순간 인지하면서 수직으로 이동한다.

그리고 가까스로 어린 개구리 등에 올라타게 되었습니다.

개미는 한숨을 돌리고 정말 고맙다고 인사를 하였습니다.

"네가 나를 구해 줄 줄을 정말 몰랐어!" 개미는 또 한번 개구리에게 매우 고마움을 느꼈습니다.

개구리는 개미를 등에 태우고 열심히 다리를 쭉쭉 뻗으면서 연못 가장자리 땅으로 데려다 주었습니다.   396자

개구리 등에 업혀 목숨을 구한 개미는 개구리에게 고맙다는 마지막 인사도 하기 전에 개구리는 벌써 물속으로 사라져 버렸습니다.

그러던 어느 날이었습니다.

개미가 숲 속을 지나가는데 철없는 어린 아이들이 막대기를 들고 개구리를 잡으러 다니는 것이었습니다.   500자

이리저리 숲 속을 돌아다니며 개구리를 찾던 아이들 중에 한 어린 아이가 개구리 한 마리를 발견하였습니다.

아! 그런데 연못에서 보았던 그 개구리였습니다.

개미는 놀라서 다시 보니 개미를 구해준 개구리가 틀림없었습니다.   604자

V. 한 줄 글자 내용 인지훈련

The Super Speed Reading

글자 내용 인지 훈련 ❻호

시점을 한 줄의 횡 중심에 두고 ⤴방향으로 내용을 빠르게 순간 인지하면서 수직으로 이동한다.

아이들을 살금살금 개구리를 잡으려 할 때 개미는 막대기를 든 아이의 발등에 꽉 붙어서 온 힘을 다하여 사정없이 날카로운 이빨로 발등을 물었습니다.

그 순간 어린아이는 "아이고!" 하며 발등이 따가워서 발을 땅에 "쿵쿵" 굴렸습니다.

695자

개구리는 그 발소리에 놀라서 멀리 뛰어 도망을 갔습니다.

개미의 도움으로 겨우 살아 남을 수 있었던 개구리는 누가 구해 준 것도 모르고 멀리 멀리 사라져 버렸습니다.

남 모르게 개구리를 구해 준 개미의 마음은 너무나도 다행이라 생각하고 즐거웠습니다.

796자

조그만 곤충도 은혜를 갚을 줄 아는 것이 정말 대단합니다.

우리도 남에게 도움을 받았으면 언젠가는 그 은혜를 갚을 줄 아는 아름다운 마음씨를 갖고 생활을 해야 합니다.

누구든 앞으로 남을 위해 노력하는 사람이 되어야겠습니다.

그래야 맑고 건전한 사회가 된다는 아름다운 이야기입니다.

911자

글자 내용 인지 훈련 ❼호

시점을 한 줄의 횡 중심에 두고 ⌇방향으로 내용을 빠르게 순간 인지하면서 수직으로 이동한다.

【나라와 민족을 위한 애국자】 총 글자 수 : 1,459자

저는 열심히 공부하여 나라와 민족을 위하여 큰일을 하겠습니다.

그리고 여러 가지 과일 중에 수박을 제일 좋아합니다.

저는 우리 집 문중에서 장손이며 형제 중에도 장남입니다.

어머니께서는 늘 나에게 맛있는 과일만 많이 주십니다.

우리 동네에서 놀이할 때 저는 늘 동네 아이들을 이끌고 다닙니다. 118자

동네 친구들은 한결같이 큰 소리로 나만을 응원합니다.

씨름대회에서 일등만 하고 친구들 중에서 가장 힘이 좋습니다.

힘이 약한 친구를 위해서는 용기와 칭찬을 아끼지 않았습니다.

저는 점차 나이를 먹으면서 좀 더 넓은 세계로 눈을 돌립니다.

친구들과 놀 때는 무엇이든 흥미를 가지고 적극적입니다. 237자

"학문과 기술을 배우고 익혀서 세계에서 강한 나라를 만들자.

열심히 공부하면 나라를 튼튼하게 만드는 바탕이 된다."

나에게는 둘도 없는 친구가 있으므로 우정을 평생 약속을 했습니다.

저는 집으로 돌아와서 영어 공부를 열심히 하였습니다.

그리고 나서 붓으로 한자쓰기를 게을리하지 않았습니다. 354자

The Super Speed Reading
글자 내용 인지 훈련 ❽호

시점을 한 줄의 횡 중심에 두고 ↶방향으로 내용을 빠르게 순간 인지하면서 수직으로 이동한다.

어머니는 나의 의젓한 모습을 보고 대견스럽게 생각하셨다.

아버지도 나에게 영어와 한문을 가르쳐 주셨다.

아버지와 아들은 마주앉아 공부에 열중하고 있었다.

어머니는 부엌에서 저녁식사 준비를 하신다.

나라를 위해 무슨 일을 해야 할 것인가 의논을 하였습니다.   458자

올바르게 학문의 길로 이끌어 줄 스승님이 하나 없었습니다.

나는 과감하게 내 자신의 뜻을 부모님께 밝혔습니다.

온 집안 식구들은 한결같이 나를 걱정하였습니다.

어머니는 눈물을 글썽이며 장손인 나의 손을 꼭 잡으셨습니다.

나는 인천에서 배를 타고 일단 중국으로 떠나기로 마음먹었습니다.   575자

부모님의 허락을 얻어내기 힘들어 몰래 떠나기로 결심하였습니다.

어머니가 위독하다는 편지를 받고 아무 일도 할 수 없었습니다.

나는 돌아갈 수 없는 상태이므로 마음속으로 용서를 빌었습니다.

그리고 나는 다시 일본으로 유학을 떠나기로 결심하였습니다.

일본에 도착하니 내가 생각했던 것과 너무 많이 달라 있었습니다.   700자

글자 내용 인지 훈련 ❾호

시점을 한 줄의 횡 중심에 두고 ⤵방향으로 내용을 빠르게 순간 인지하면서 수직으로 이동한다.

지금까지 내가 공부한 것에 비교한다면 하늘과 땅 차이입니다.

외국에 도착한 나의 가슴은 희망으로 가득 차 있었습니다.

우리나라를 위해 조금이나마 도움이 될 수 있게 노력하였습니다.

나는 부지런히 공부하여 우리 조국으로 돌아가기로 마음먹었습니다.

나의 부모님은 자식이 고생이 얼마나 심할까 걱정만 하신답니다. 838자

희망찬 내일을 예견해 주듯이 나의 마음은 환합니다.

다시 힘을 내어 대학 시험을 준비하는 데 전력을 다하였습니다.

누구나 자식을 둔 부모님의 마음이라 생각이 듭니다.

친구를 기다리면서도 책을 읽고 공부를 게을리하지 않았습니다.

나로서는 지금 공부를 할 수밖에 없었습니다. 949자

나는 법을 공부하겠다는 마음으로 법학과에 지원하게 되었습니다.

그 결과 좋은 대학에 우수한 성적으로 입학할 수 있었습니다.

가정 형편이 어려워 학비를 벌기 위해 신문도 배달하였습니다.

우리 집은 부자가 아니므로 고학을 해서 졸업을 해야만 했습니다.

잠도 조금씩 자고 열심히 공부를 해서 대학을 졸업할 수 있었습니다. 1,078자

The Super Speed Reading

글자 내용 인지 훈련 ❿호

시점을 한 줄의 횡 중심에 두고 ⤵방향으로 내용을 빠르게 순간 인지하면서 수직으로 이동한다.

오늘 아이들은 신기한 구경을 했는지 깔깔거리며 웃고 있었습니다.

지켜보던 노인은 한참 동안 서 있다가 어디론가 가시고 없었습니다.

아버지는 내가 청년이 된 모습을 대견스럽게 보고 계셨습니다.

우리나라도 많은 학교를 세웠으면 좋겠다고 하셨습니다.

수염이 긴 할아버지가 두루마기를 입고 우리를 쳐다보셨습니다.

1,208자

고국으로 돌아가 교육사업에 평생을 바칠까 합니다.

나는 대학을 졸업하고 고향으로 돌아와 다시 서울로 올라갔습니다.

고향에서 제일 부자가 교육사업에 동참하기로 하였습니다.

그러나 아무리 돈이 많아도 아버지의 도움이 꼭 필요하였습니다.

이제는 어린아이가 아니므로 하고 싶은 일을 하라고 하셨습니다.

1,332자

아들의 간청으로 아버지는 땅을 팔아서 너를 돕겠다고 하셨습니다.

나도 친구들과 늘 어울려 다니며 놀고도 싶었습니다.

큰 목적을 두고 추진하는 것이니 열심히 하기로 마음먹었습니다.

나는 마음을 단단히 먹고 아버님께 감사 인사를 드리고 나왔습니다.

나라를 위해 내가 하고 싶은 일을 꼭 이루겠다고 다짐하였습니다.

1,459자

한 줄 글자 내용 인지 훈련 기록표

한 줄 전체 총 글자 수 : 3,260자

실력이 향상되도록 ①호~⑩호까지 매회 소요 시간을 꼭 기록하세요.

1차 : 분 초	2차 : 분 초	3차 : 분 초
4차 : 분 초	5차 : 분 초	6차 : 분 초
7차 : 분 초	8차 : 분 초	9차 : 분 초
10차 : 분 초	11차 : 분 초	12차 : 분 초
13차 : 분 초	14차 : 분 초	15차 : 분 초
16차 : 분 초	17차 : 분 초	18차 : 분 초
19차 : 분 초	20차 : 분 초	21차 : 분 초
22차 : 분 초	23차 : 분 초	24차 : 분 초
25차 : 분 초	26차 : 분 초	27차 : 분 초
28차 : 분 초	29차 : 분 초	30차 : 분 초

V. 한 줄 글자 내용 인지훈련

The Super Speed Reading

■ 한 줄 글자 내용 인지 훈련 기록표

한 줄 전체 총 글자 수 : 3,260자

실력이 향상되도록 ①호~⑩호까지 매회 소요 시간을 꼭 기록하세요.

31차 : 분 초	32차 : 분 초	33차 : 분 초
34차 : 분 초	35차 : 분 초	36차 : 분 초
37차 : 분 초	38차 : 분 초	39차 : 분 초
40차 : 분 초	41차 : 분 초	42차 : 분 초
43차 : 분 초	44차 : 분 초	45차 : 분 초
46차 : 분 초	47차 : 분 초	48차 : 분 초
49차 : 분 초	50차 : 분 초	51차 : 분 초
52차 : 분 초	53차 : 분 초	54차 : 분 초
55차 : 분 초	56차 : 분 초	57차 : 분 초
58차 : 분 초	59차 : 분 초	60차 : 분 초

Ⅵ 실전 속독 이해도 테스트 (1)

이해도 테스트는 초등생이 꼭 읽어야 할 필독서인
삼국유사 중에서 만들었습니다.

삼국유사는 고구려, 백제, 신라의 역사와 그 시대의 세 나라에서 일어난
여러 가지 신비스러운 일들을 기록한 아주 귀중한 책입니다.

삼국유사는 백성들이 입에서 입으로 전해 내려오는 야사
(민가에서 사사로이 기록한 역사)를 모아서 엮은 책입니다.

우리 민족의 신화, 전설 등을 일일이 수집하여 비평이나
해설 없이 써서 엮은 책이 바로 삼국유사입니다.

이 책은 재미도 있으면서 청소년 시기에는 누구나 한 번쯤 부담 없이
꼭 읽어야 할 책입니다.

속독 이해도 테스트 ①
삼국유사 중에서 : 단군 신화

※ 우화: 교훈적이고 풍자적인 내용을 동식물 등에 빗대어 엮은 이야기입니다.

속독 이해도 테스트 ②
세계 여러 나라의 우화 중에서 : 여우와 꼬리

실전 속독 이해도 테스트 ❶

단군 신화

총 글자 수 : 2,166자

아주 까마득한 오랜 옛날에 사람들은 사냥을 하거나 열매를 따먹고, 나뭇잎을 옷 대신 걸치고 살았습니다. 옛날 사람들은 자연을 신비스럽게 여겼고 숭배하기까지 했습니다. 신화는 역사가 시작될 때의 일을 신비하게 전해 내려오는 이야기입니다. 그리스 로마 신화 이야기가 있듯이, 우리나라에도 단군 신화가 전해져 오고 있습니다.

옛날에 하늘나라에 환인이라는 하느님의 신이 살고 있었습니다. 어느 날 임금님은 아들을 불러놓고 물어보았습니다.
"누가 너희들 중에 세상에 내려가 인간세상을 다스리고 싶으냐?"
"아버님, 부탁이 있습니다."
"저 아래 인간 세상으로 내려가 그들을 다스리고 싶습니다."
"허락해 주십시오."
여러 아들들 중에서 환웅이 말을 하였습니다. 환웅은 아들 중에서도 똑똑하고, 임금님이 제일 귀여워하는 아들이었습니다.
"세상에 내려가 사람들에게 덕과 복이 되는 하늘나라의 뜻을 펼쳐서 보다 아름답고 깨끗한 세상을 만들고 싶다."
환웅은 인간 세상을 내려다보면서 생각에 잠기는 경우가 많았습니다.
"땅의 어느 곳의 사람을 다스리고 싶으냐?"
"동방에 사는 사람들을 다스리고 싶습니다."
"마음이 어질고 착하고 슬기롭고 재주가 많은 그들을 다스리고 싶습니다."

The Super Speed Reading

"그들을 잘 다스리면 땅위에서 으뜸이 될 것입니다."
"오! 정말로 기특한 생각이로구나!"
"그러면 네가 내려가 맑고 고은 나라가 되도록 최선의 힘을 써보도록 하여라."
하느님의 나라 환인 임금은 아들 환웅의 뜻을 알고 여러 신에게 명령하였습니다.
"바람을 다스리는 신 풍백, 비를 다스리는 신 우사, 구름을 다스리는 신 운사 등을 불러 너희들은 동방의 나라로 내려가 백성들에게 도움이 될 수 있는 일을 하도록 하여라."
환인 임금은 힘을 나타내는 천부인 3개를 주며,
"환웅을 도와 천추만년(가을이 천 번 지날 정도의 매우 오랜 세월)까지 나라를 지키도록 하여라."
모두들,
"예! 동방의 나라를 수호하겠습니다."
환웅은 농경 생활을 다스리는 3신과 3,000여명의 부하를 거느리고 지금의 묘향산인 태백산 아래로 내려 왔습니다.
"모든 백성들을 들어라."
"나는 너희들을 다스리기 위해 하늘나라에서 내려왔다."
환웅의 말에 모든 사람들은 엎드려서 절을 하였습니다.
"감사하옵니다."
"이렇게 저희들을 보살펴 주시다니 감사하옵니다."
환웅은 수천 여명의 무리를 데리고 온 신단수 아래 신시를 만들게 되었습니다. '이 세상을 다스리는 중심' 이란 뜻으로 이곳을 신시라고 불렀습니다.

환웅은 바람, 비, 구름을 다스리는 신에게 백성들이 농사를 더욱더 잘 지을 수 있도록 도와 주라고 하였습니다. 그리고 나서 다른 부하들에게는 병을 다스리고 죄 지은 사람에게 벌을 주는 일, 그리고 악하고 착한 일 등을 비롯하여 우리에게 필요한 360여 가지 일을 맡겼습니다. 환웅이 세상을 잘 다스리는 덕으로 사람들이 더욱 잘 살 수 있게 되었습니다.

그 많은 사람들 사이에 나쁜 짓 하는 것과 싸움하는 것도 모두 없어지게 되었습니다. 짐승들과 사람들은 평화스럽게 살았습니다.

이때, 평화로운 신시에서 그리 멀리 떨어지지 않은 동굴 속에서는 호랑이 한 마리와 곰 한 마리가 살고 있었습니다. 항상 환웅에게 사람이 되게 해달라고 빌었습니다. 곰과 호랑이는 환웅을 찾아가 엎드려 빌었습니다.

"우리도 인간으로 태어나게 해 주시옵소서."

환웅은 곰과 호랑이에게 말하였습니다.

"모든 일은 하늘에 달려있으므로 너희들은 이 쑥과 마늘을 먹고 동굴에서 100일 동안 햇빛을 보지말고, 정성스럽게 기도하면 사람으로 다시 환생할 수 있단다."

"이것은 오로지 하늘의 뜻으로 되는 것이므로, 어떤 고통도 참고 견뎌야 한다."

"예! 알았습니다. 꼭 해내고 말겠습니다."

고기도 많이 먹고 육식을 좋아하는 호랑이와 곰은 쑥과 마늘만 가지고 100일을 견디기란 무서운 시련이 아닐 수가 없습니다. 호랑이와 곰은 꼭 해

The Super Speed Reading

내고야 말겠다는 결심으로 동굴 속으로 들어가 백일 기도를 시작했습니다. 곰은 그럭저럭 참아 내고 있었으나, 문제는 참을성 없는 호랑이었습니다.

"냄새 고약한 쑥과 마늘만으로 어떻게 100일을 버티란 말이냐!"

"도저히 못 참겠다!"

"미련한 곰아, 잘 지내 봐라."

성미가 급한 호랑이는 더 이상 참지 못하고 동굴 밖으로 도망쳐 사라졌습니다. 곰은 삼칠일(일주일이 세 번, 3×7=21일)만에 아름다운 여인으로 변하였습니다.

"아름다운 여인으로 만들어 주셔서 하늘에 감사를 드립니다."

"이제는 저와 맞는 짝을 찾아 주시옵소서."

이 여인은 소원대로 환웅천왕과 결혼을 하게 되었습니다. 아름다운 신부는 곰이 변해서 된 여인이라 하여 세상에서는 웅녀라고 불렀습니다. 얼마 후 웅녀의 몸에서 아들이 태어났습니다. 그가 바로 우리의 최초의 시조인 단군 왕검입니다.

단군 왕검은 평양성에 도읍을 정하고 나라 이름을 조선이라 지었습니다. 이때가 기원전 2367년경에 중국에서 전설 시대에 요임금이 왕위에 오른 지 50년 째 되는 해입니다. 단군 왕검은 다시 설악산 아사달로 도읍을 옮겼습니다. 그것을 구물산 또는 금미달이라고 불렀습니다. 단군 왕검은 그곳에서 1,500년 동안 나라를 잘 다스리게 되었습니다.

널리 인간을 이롭게 한다는 홍익 인간은 우리 민족의 나라를 세운 참 뜻이 담겨 있습니다. 중국 주나라의 무왕이 은나라를 멸망시키고 왕위에 올라 기자라는 사람을 조선에 보내어 나라를 다스리게 하였습니다. 기자는 우리나라로 들어 왔다는 이야기도 있었으나 사실인지 아닌지 밝혀지지 않았습니다. 단군은 다시 자리를 장당경으로 옮겼다가 뒤에 아사달로 돌아가 숨어서 산신이 되어 무려 1,908년이나 살았다고 합니다. 고조선에 관한 이야기는 우리나라 옛 기록에 실려 전해져오고 있습니다.

"지금으로부터 2,000년 전에 단군 왕검이란 이가 있었다. 그는 아사달에 도읍을 세우고 나라 이름을 조선이라 불렀다. 그것은 중국의 요 임금과 같은 시대였다."

현재 단군이 나라를 세운 날을 10월 3일 개천절로 정하여 기념하고 있습니다. 단군은 우리 민족의 시조이며 고조선의 첫 임금입니다. 단군 신화의 주인공입니다. '단군 왕검' 또는 '단군 천왕'이라고도 합니다. 하늘나라의 임금인 환인의 손자이고, 환웅의 아들이며, 어머니는 웅녀입니다.

경기도 마니산의 참성단에서는 매년 하늘에 제사를 지내 단군의 뜻을 받들고 있다고 합니다.

The Super Speed Reading

문제풀이

1. 아래 일곱 문제 중에서 4문제 이상을 맞추어야 합니다.
2. 틀린 문제는 다시 한 번 속독으로 읽으면서 확인하세요
3. 반복하여 훈련, 소요 시간을 단축하세요.
4. 정답은 1회만 맞추어 보고, 2회 째부터 실전 속독 스피드 훈련만 하세요.

이해도 테스트 단군 신화

1. 위 글에서 하늘나라의 임금님은 누구인가요? (   )
   ① 웅인   ② 환인   ③ 천인   ④ 환웅

2. 세상에 내려가게 해 달라고 한 임금님의 아들은 누구입니까? (   )
   ① 환 인   ② 천인   ③ 환웅   ④ 웅인

3. 환인 임금은 힘을 나타내는 천부인을 몇 개 주었나요? (   )
   ① 2개   ② 3개   ③ 4개   ④ 5개

4. 환웅은 3신과 3,000여명을 데리고 어느 산으로 갔나요? (   )
   ① 지리산   ② 백두산   ③ 한라산   ④ 태백산

5. 사람이 되기 위하여 곰과 호랑이는 동굴 속에서 무엇을 먹었나요? (   )
   ① 마늘과 쑥   ② 마늘과 콩   ③ 쑥과 감자   ④ 감자와 마늘

6. 호랑이와 곰 중에서 곰이 인간으로 변하는 데 성공했습니다. 그 이름은 무엇이라 했나요? (   )
   ① 곰녀   ② 호녀   ③ 웅녀   ④ 옹녀

7. 홍익인간이란 무슨 뜻입니까? (   )
   ① 힘이 가장 센 인간이란 뜻
   ② 널리 인간 세상을 이롭게 한다는 뜻
   ③ 붉은 색의 인간이란 뜻
   ④ 홍시가 익으면 인간이 먹는다는 뜻

단군 신화 : 실전 속독 스피드 훈련 기록표

실력이 향상되도록 매회 소요 시간을 꼭 기록하세요.

1차 : 분 초	2차 : 분 초	3차 : 분 초
4차 : 분 초	5차 : 분 초	6차 : 분 초
7차 : 분 초	8차 : 분 초	9차 : 분 초
10차 : 분 초	11차 : 분 초	12차 : 분 초
13차 : 분 초	14차 : 분 초	15차 : 분 초
16차 : 분 초	17차 : 분 초	18차 : 분 초
19차 : 분 초	20차 : 분 초	21차 : 분 초
22차 : 분 초	23차 : 분 초	24차 : 분 초
25차 : 분 초	26차 : 분 초	27차 : 분 초
28차 : 분 초	29차 : 분 초	30차 : 분 초

The Super Speed Reading

실전 속독 이해도 테스트 ❷

여우와 꼬리

총 글자 수 : 663자

어느 날 똑똑한 여우 한 마리가 덫에 걸렸다. 그 여우는 다른 여우들에게 똑똑하다고 인정받고 있는 여우였다. 지금까지 사람이 장치해 놓은 덫이란 덫은 전부 피해 다녔고, 사람들이 기르는 닭이나 토끼를 감쪽같이 잡아 가지고 돌아오곤 했기 때문이다.

그런데 이번에는 달랐다. 아마 지금까지 너무 순조로웠기 때문에 방심하는 마음이 생겼는지도 모른다. 불쌍하게도 똑똑한 여우는 늘 자랑하던 멋진 꼬리가 덫에 걸려 꼼짝 못하게 되었다. 보통 여우라면 그대로 사람에게 잡히고 말았겠지만 이 여우는 과연 똑똑한지라 꼬리를 물어뜯어 잘라 버리고 덫에서 빠져나왔다.

이렇게 해서 똑똑한 여우는 위기에서 벗어나 겨우 살아 돌아올 수 있었지만 아무도 여우를 반겨 주지 않았다. 누구를 만나도, 꼬리를 잘라서 위기를 면한 이야기를 실감나게 하여도 모두들 잘했다는 말은 하면서도 어딘지 모르게 서먹서먹하게 대했다.

자랑거리였던 멋진 꼬리를 망설이지 않고 잘라 버린 그 용기에 찬탄을 보내지는 못할망정 똑똑한 여우의 도움을 받아 보려고 아부하던 무리들까지도 피하는 것 같았다.

그들을 주의 깊게 관찰해 보니 경멸의 눈길이, 잘려진 자신의 꼬리에 쏠리고 있다는 것을 알게 되었다. 똑똑한 여우는 이번 일로 자신이 전보다 더 현명하고 사려 깊은 여우가 되었다고 생각했지만 모두들 똑똑함이나 용기보다 꼬리가 더 중요하다고 생각하고 있었던 것이다.

결국, 지금까지 똑똑한 여우에 대한 존경심은 기껏 꼬리가 없어지면 사라져 버리고 마는 정도밖에 안 되었던 것이다. 똑똑한 여우는 그런 우정을 가진 친구라면 차라리 없는 편이 낫다고 생각했다. 그러자 신기하게도 그 생각에 대한 확실한 믿음이 생겨났다. 그것은 때때로 여우의 머릿속에서 잃어버린 꼬리보다 더 강력하고 아름다운 빛을 발하였다. 그래서 똑똑한 여우는 꼬리를 읽고 나서 전보다 더 현명해졌다.

The Super Speed Reading

문제풀이

1. 아래 세 문제 중에서 2문제 이상을 맞추어야 합니다.
2. 틀린 문제는 다시 한 번 속독으로 읽으면서 확인하세요
3. 반복하여 훈련, 소요 시간을 단축하세요.
4. 정답은 1회만 맞추어 보고, 2회 째부터 실전 속독 스피드 훈련만 하세요.

이해도 테스트   여우와 꼬리

1. 똑똑한 여우는 사람이 기르는 어떤 동물을 잡아먹었나요? (   )
   ① 토끼, 병아리   ② 오리, 토끼   ③ 닭, 토끼   ④ 닭, 오리

2. 똑똑한 여우가 덫에 꼬리가 걸렸는데 어떻게 빠져나왔나요? (   )
   ① 덫을 부셔 버리고   ② 꼬리를 잘라서
   ③ 다른 여우가 구해 줘서   ④ 덫이 고장나서

3. 덫에서 빠져나온 여우를 보고 다른 여우들은 어떻게 생각했나요? (   )
   ① 용감하다.   ② 똑똑하다.
   ③ 현명하다.   ④ 꼬리가 중요하다.

여우와 꼬리 : 실전 속독 스피드 훈련 기록표

기록이 향상되도록 매회 소요 시간을 꼭 적으세요.

1차 : 초	2차 : 초	3차 : 초
4차 : 초	5차 : 초	6차 : 초
7차 : 초	8차 : 초	9차 : 초
10차 : 초	11차 : 초	12차 : 초
13차 : 초	14차 : 초	15차 : 초
16차 : 초	17차 : 초	18차 : 초
19차 : 초	20차 : 초	21차 : 초
22차 : 초	23차 : 초	24차 : 초
25차 : 초	26차 : 초	27차 : 초
28차 : 초	29차 : 초	30차 : 초

The Super Speed Reading

글자 인지 시야 확대 1글자~3글자 훈련 ②

* 시점은 책을 펼쳐서 두 쪽 중심의 제본선 상단에 위치하세요.
* 머리는 고정하고 안구를 움직여 좌(左)·우(右)의 글자를 인지하세요.

← 시

꿩	←――①――①――①――①――①――
닭	←――①――①――①――①――① ――
콩	←――①――①――①――①――①――

선녀	←―――②――②――②――②――②
효자	←―――②――②――②――②――②
샘물	←―――②――②――②――②――②

비단옷	←―――③――③――③――③――
나그네	←―――③――③――③――③――
도라지	←―――③――③――③――③――

The Super Speed Reading

* 턱을 아래로 당긴 상태에서 훈련하세요.
* 글자 한 자~세 자까지 아래로 이동하여 ❿회까지 반복 훈련하세요.
* 시간이 단축될 수 있도록 매번 소요 시간을 꼭 기록하세요.

점 →

①──①──①──①──①──→   꿩
①──①──①──①──①──→   닭
①──①──①──①──①──→   콩

②──②──②──②──②──→   선녀
②──②──②──②──②──→   효자
②──②──②──②──②──→   샘물

③──③──③──③──→   비단옷
③──③──③──③──→   나그네
③──③──③──③──→   도라지

The Super Speed Reading

■ 시야 확대 1글자~3글자 인지 훈련 기록표

기록이 향상되도록 매회 소요 시간을 꼭 적으세요.

1차 : 초	2차 : 초	3차 : 초
4차 : 초	5차 : 초	6차 : 초
7차 : 초	8차 : 초	9차 : 초
10차 : 초	11차 : 초	12차 : 초
13차 : 초	14차 : 초	15차 : 초
16차 : 초	17차 : 초	18차 : 초
19차 : 초	20차 : 초	21차 : 초
22차 : 초	23차 : 초	24차 : 초
25차 : 초	26차 : 초	27차 : 초
28차 : 초	29차 : 초	30차 : 초

The Super Speed Reading

집중력 두뇌 운동 테스트

글자 인지, 색 훈련

The Super Speed Reading

>>> 단어 인지 집중력 두뇌 테스트   훈련 2호

- 선택된 단어 하나를 주시하고 있다가 시작과 동시에 인지하세요.
- 아래의 같은 단어를 (10초 이내) 인지하면서 개수를 세어서 기록하세요.
- 시점을 중심에 두고 한 줄씩 빠르게 인지하여 수직으로 이동하세요.
- 개수가 맞는지 다시 한번 천천히 확인하세요.

가로수 달 독수리

하마 독수리 코스모스 하마

개나리 가로수 하마 들국화

개나리 가로수 여우 악어 상 여우

달 독수리 매미 악어 독수리 들국화 곰

하마 개나리 여우 개나리 가로수 매미 악어

들국화 가로수 매미 귤 여우 개나리 가로수 독수리

악어 코스모스 개나리 독수리 가로수 개나리 매미

하마 매미 들국화 코스모스 곰 악어

들국화 곰 개나리 달 코스모스 달 귤

가로수 악어 코스모스 들국화

코스모스 악어 매미 곰 귤

독수리 곰 개나리

■ 단어 인지 & 집중력 두뇌 테스트 기록표

*기록이 향상되도록 매회 단어의 소요시간을 꼭 적으세요.

 글자의 개수와 소요 시간을 기록하세요.

1차 : 개 초	2차 : 개 초	3차 : 개 초
4차 : 개 초	5차 : 개 초	6차 : 개 초
7차 : 개 초	8차 : 개 초	9차 : 개 초
10차 : 개 초	11차 : 개 초	12차 : 개 초
13차 : 개 초	14차 : 개 초	15차 : 개 초
16차 : 개 초	17차 : 개 초	18차 : 개 초
19차 : 개 초	20차 : 개 초	21차 : 개 초
22차 : 개 초	23차 : 개 초	24차 : 개 초
25차 : 개 초	26차 : 개 초	27차 : 개 초
28차 : 개 초	29차 : 개 초	30차 : 개 초

The Super Speed Reading

두뇌 체조 글자 색 [집중력 훈련] ②호

다음 글자의 색만 소리내어 읽으세요.[소요 시간은: 30초 내]
예 (검정) 이 글자는 빨강으로 소리내어 읽으면 됩니다.
＊매회 소요 시간을 기록하여 단축 훈련하세요.

출발 →

검정	파랑	노랑	초록	빨강
파랑	빨강	검정	노랑	초록
노랑	초록	파랑	검정	빨강
빨강	노랑	초록	파랑	검정
노랑	파랑	검정	초록	빨강
검정	초록	빨강	파랑	노랑
파랑	검정	초록	빨강	노랑
노랑	파랑	초록	빨강	검정
초록	빨강	검정	노랑	파랑
파랑	검정	초록	빨강	노랑

종료 →

| ① 초 | ② 초 | ③ 초 | ④ 초 | ⑤ 초 |
| ⑥ 초 | ⑦ 초 | ⑧ 초 | ⑨ 초 | ⑩ 초 |

■ 스피드 & 집중력 향상을 위한 훈련 기록표

기록이 향상되도록 매회 소요 시간을 꼭 적으세요.

1차 : 초	2차 : 초	3차 : 초
4차 : 초	5차 : 초	6차 : 초
7차 : 초	8차 : 초	9차 : 초
10차 : 초	11차 : 초	12차 : 초
13차 : 초	14차 : 초	15차 : 초
16차 : 초	17차 : 초	18차 : 초
19차 : 초	20차 : 초	21차 : 초
22차 : 초	23차 : 초	24차 : 초
25차 : 초	26차 : 초	27차 : 초
28차 : 초	29차 : 초	30차 : 초

■ 스피드 & 집중력 향상을 위한 훈련 기록표

기록이 향상되도록 매회 소요 시간을 꼭 적으세요.

31차 : 초	32차 : 초	33차 : 초
34차 : 초	35차 : 초	36차 : 초
37차 : 초	38차 : 초	39차 : 초
40차 : 초	41차 : 초	42차 : 초
43차 : 초	44차 : 초	45차 : 초
46차 : 초	47차 : 초	48차 : 초
49차 : 초	50차 : 초	51차 : 초
52차 : 초	53차 : 초	54차 : 초
55차 : 초	56차 : 초	57차 : 초
58차 : 초	59차 : 초	60차 : 초

두 줄 글자 인지 훈련

2단계 : 두 줄 글자 인지 훈련 설명

1 시점을 중심에 두고 최대한 글자 기호를 명확히 보면서 좌, 우의 진한 색 글자 기호를 순간 인지하면서 아래로 이동한다.

2 시야를 최대한 확보하고 빠른 눈의 움직임과 정확한 글자 인지 능력을 위하여 연속적으로 훈련한다.

3 한 줄 인지 훈련부터 아홉 줄 인지 훈련까지는 단계별로 시야를 점점 확보하여 보다 넓은 시야를 가지고 있어야 한다.

4 실전 문장 훈련에 있어서 글자 군(群)을 형성하면서 마음의 느낌으로 읽어나간다.

5 ①호~⑩호까지 다 이동하면 다시 ①호로 이어져 훈련하다가 1분이 되면 그 위치에 정지한다.

6 점차적으로 시야를 확대하여 넓혀나간다.

7 1분 단위로 훈련하고 글자 수를 기록한다.

2단계 두 줄 글자 기호 인지 훈련 ❶호

시점을 중심에 두고 좌(左)에서 우로, 우(右)에서 좌로 빠르게 이동하세요.

시점
← · →

가 → 가 → 가 → 가 → 가 → 가 → 가 → 가 → 가 → 가 → 가 → 가
나 → 나 → 나 → 나 → 나 → 나 → 나 → 나 → 나 → 나 → 나 → 나   24자

다 ← 다 ← 다 ← 다 ← 다 ← 다 ← 다 ← 다 ← 다 ← 다 ← 다 ← 다
라 ← 라 ← 라 ← 라 ← 라 ← 라 ← 라 ← 라 ← 라 ← 라 ← 라 ← 라   48자

마 → 마 → 마 → 마 → 마 → 마 → 마 → 마 → 마 → 마 → 마 → 마
바 → 바 → 바 → 바 → 바 → 바 → 바 → 바 → 바 → 바 → 바 → 바   72자

사 ← 사 ← 사 ← 사 ← 사 ← 사 ← 사 ← 사 ← 사 ← 사 ← 사 ← 사
아 ← 아 ← 아 ← 아 ← 아 ← 아 ← 아 ← 아 ← 아 ← 아 ← 아 ← 아   96자

자 → 자 → 자 → 자 → 자 → 자 → 자 → 자 → 자 → 자 → 자 → 자
차 → 차 → 차 → 차 → 차 → 차 → 차 → 차 → 차 → 차 → 차 → 차   120자

카 ← 카 ← 카 ← 카 ← 카 ← 카 ← 카 ← 카 ← 카 ← 카 ← 카 ← 카
타 ← 타 ← 타 ← 타 ← 타 ← 타 ← 타 ← 타 ← 타 ← 타 ← 타 ← 타   144자

파 → 파 → 파 → 파 → 파 → 파 → 파 → 파 → 파 → 파 → 파 → 파
하 → 하 → 하 → 하 → 하 → 하 → 하 → 하 → 하 → 하 → 하 → 하   168자

가 ← 가 ← 가 ← 가 ← 가 ← 가 ← 가 ← 가 ← 가 ← 가 ← 가 ← 가
나 ← 나 ← 나 ← 나 ← 나 ← 나 ← 나 ← 나 ← 나 ← 나 ← 나 ← 나   192자

The Super Speed Reading

2단계 두 줄 글자 기호 인지 훈련 ❷호

시점을 중심에 두고 좌(左)에서 우로, 우(右)에서 좌로 빠르게 이동하세요.

시점
← • →

가→가→가→가→가→가→가→가→가→가→가→가
나→나→나→나→나→나→나→나→나→나→나→나   216자

다←다←다←다←다←다←다←다←다←다←다←다
라←라←라←라←라←라←라←라←라←라←라←라   240자

마→마→마→마→마→마→마→마→마→마→마→마
바→바→바→바→바→바→바→바→바→바→바→바   264자

사←사←사←사←사←사←사←사←사←사←사←사
아←아←아←아←아←아←아←아←아←아←아←아   288자

자→자→자→자→자→자→자→자→자→자→자→자
차→차→차→차→차→차→차→차→차→차→차→차   312자

카←카←카←카←카←카←카←카←카←카←카←카
타←타←타←타←타←타←타←타←타←타←타←타   336자

파→파→파→파→파→파→파→파→파→파→파→파
하→하→하→하→하→하→하→하→하→하→하→하   360자

가←가←가←가←가←가←가←가←가←가←가←가
나←나←나←나←나←나←나←나←나←나←나←나   384자

2단계 두 줄 글자 기호 인지 훈련 ❸호

시점을 중심에 두고 좌(左)에서 우로, 우(右)에서 좌로 빠르게 이동하세요.

시점
← • →

가→가→가→가→가→가→가→가→가→가→가→가
나→나→나→나→나→나→나→나→나→나→나→나 408자

다←다←다←다←다←다←다←다←다←다←다←다
라←라←라←라←라←라←라←라←라←라←라←라 432자

마→마→마→마→마→마→마→마→마→마→마→마
바→바→바→바→바→바→바→바→바→바→바→바 456자

사←사←사←사←사←사←사←사←사←사←사←사
아←아←아←아←아←아←아←아←아←아←아←아 480자

자→자→자→자→자→자→자→자→자→자→자→자
차→차→차→차→차→차→차→차→차→차→차→차 504자

카←카←카←카←카←카←카←카←카←카←카←카
타←타←타←타←타←타←타←타←타←타←타←타 528자

파→파→파→파→파→파→파→파→파→파→파→파
하→하→하→하→하→하→하→하→하→하→하→하 552자

가←가←가←가←가←가←가←가←가←가←가←가
나←나←나←나←나←나←나←나←나←나←나←나 576자

The Super Speed Reading

2단계 두 줄 글자 기호 인지 훈련 ❹호

시점을 중심에 두고 좌(左)에서 우로, 우(右)에서 좌로 빠르게 이동하세요.

시점
← · →

가 → 가 → 가 → 가 → 가 → 가 → 가 → 가 → 가 → 가 → 가 → 가
나 → 나 → 나 → 나 → 나 → 나 → 나 → 나 → 나 → 나 → 나 → 나 600자

다 ← 다 ← 다 ← 다 ← 다 ← 다 ← 다 ← 다 ← 다 ← 다 ← 다 ← 다
라 ← 라 ← 라 ← 라 ← 라 ← 라 ← 라 ← 라 ← 라 ← 라 ← 라 ← 라 624자

마 → 마 → 마 → 마 → 마 → 마 → 마 → 마 → 마 → 마 → 마 → 마
바 → 바 → 바 → 바 → 바 → 바 → 바 → 바 → 바 → 바 → 바 → 바 648자

사 ← 사 ← 사 ← 사 ← 사 ← 사 ← 사 ← 사 ← 사 ← 사 ← 사 ← 사
아 ← 아 ← 아 ← 아 ← 아 ← 아 ← 아 ← 아 ← 아 ← 아 ← 아 ← 아 672자

자 → 자 → 자 → 자 → 자 → 자 → 자 → 자 → 자 → 자 → 자 → 자
차 → 차 → 차 → 차 → 차 → 차 → 차 → 차 → 차 → 차 → 차 → 차 696자

카 ← 카 ← 카 ← 카 ← 카 ← 카 ← 카 ← 카 ← 카 ← 카 ← 카 ← 카
타 ← 타 ← 타 ← 타 ← 타 ← 타 ← 타 ← 타 ← 타 ← 타 ← 타 ← 타 720자

파 → 파 → 파 → 파 → 파 → 파 → 파 → 파 → 파 → 파 → 파 → 파
하 → 하 → 하 → 하 → 하 → 하 → 하 → 하 → 하 → 하 → 하 → 하 744자

가 ← 가 ← 가 ← 가 ← 가 ← 가 ← 가 ← 가 ← 가 ← 가 ← 가 ← 가
나 ← 나 ← 나 ← 나 ← 나 ← 나 ← 나 ← 나 ← 나 ← 나 ← 나 ← 나 768자

2단계 두 줄 글자 기호 인지 훈련 ❺호

시점을 중심에 두고 좌(左)에서 우로, 우(右)에서 좌로 빠르게 이동하세요.

시점
← • →

가 → 가 → 가 → 가 → 가 → 가 → 가 → 가 → 가 → 가 → 가 → 가
나 → 나 → 나 → 나 → 나 → 나 → 나 → 나 → 나 → 나 → 나 → 나 792자

다 ← 다 ← 다 ← 다 ← 다 ← 다 ← 다 ← 다 ← 다 ← 다 ← 다 ← 다
라 ← 라 ← 라 ← 라 ← 라 ← 라 ← 라 ← 라 ← 라 ← 라 ← 라 ← 라 816자

마 → 마 → 마 → 마 → 마 → 마 → 마 → 마 → 마 → 마 → 마 → 마
바 → 바 → 바 → 바 → 바 → 바 → 바 → 바 → 바 → 바 → 바 → 바 840자

사 ← 사 ← 사 ← 사 ← 사 ← 사 ← 사 ← 사 ← 사 ← 사 ← 사 ← 사
아 ← 아 ← 아 ← 아 ← 아 ← 아 ← 아 ← 아 ← 아 ← 아 ← 아 ← 아 864자

자 → 자 → 자 → 자 → 자 → 자 → 자 → 자 → 자 → 자 → 자 → 자
차 → 차 → 차 → 차 → 차 → 차 → 차 → 차 → 차 → 차 → 차 → 차 888자

카 ← 카 ← 카 ← 카 ← 카 ← 카 ← 카 ← 카 ← 카 ← 카 ← 카 ← 카
타 ← 타 ← 타 ← 타 ← 타 ← 타 ← 타 ← 타 ← 타 ← 타 ← 타 ← 타 912자

파 → 파 → 파 → 파 → 파 → 파 → 파 → 파 → 파 → 파 → 파 → 파
하 → 하 → 하 → 하 → 하 → 하 → 하 → 하 → 하 → 하 → 하 → 하 936자

가 ← 가 ← 가 ← 가 ← 가 ← 가 ← 가 ← 가 ← 가 ← 가 ← 가 ← 가
나 ← 나 ← 나 ← 나 ← 나 ← 나 ← 나 ← 나 ← 나 ← 나 ← 나 ← 나 960자

The Super Speed Reading

2단계 두 줄 글자 기호 인지 훈련 ❻호

시점을 중심에 두고 좌(左)에서 우로, 우(右)에서 좌로 빠르게 이동하세요.

시점
← • →

가→가→가→가→가→가→가→가→가→가→가→가
나→나→나→나→나→나→나→나→나→나→나→나   984자

다←다←다←다←다←다←다←다←다←다←다←다
라←라←라←라←라←라←라←라←라←라←라←라   1008자

마→마→마→마→마→마→마→마→마→마→마→마
바→바→바→바→바→바→바→바→바→바→바→바   1032자

사←사←사←사←사←사←사←사←사←사←사←사
아←아←아←아←아←아←아←아←아←아←아←아   1056자

자→자→자→자→자→자→자→자→자→자→자→자
차→차→차→차→차→차→차→차→차→차→차→차   1080자

카←카←카←카←카←카←카←카←카←카←카←카
타←타←타←타←타←타←타←타←타←타←타←타   1104자

파→파→파→파→파→파→파→파→파→파→파→파
하→하→하→하→하→하→하→하→하→하→하→하   1128자

가←가←가←가←가←가←가←가←가←가←가←가
나←나←나←나←나←나←나←나←나←나←나←나   1152자

2단계 두 줄 글자 기호 인지 훈련 ❼호

시점을 중심에 두고 좌(左)에서 우로, 우(右)에서 좌로 빠르게 이동하세요.

시점
← · →

가 → 가 → 가 → 가 → 가 → 가 → 가 → 가 → 가 → 가 → 가 → 가
나 → 나 → 나 → 나 → 나 → 나 → 나 → 나 → 나 → 나 → 나 → 나   1176자

다 ← 다 ← 다 ← 다 ← 다 ← 다 ← 다 ← 다 ← 다 ← 다 ← 다 ← 다
라 ← 라 ← 라 ← 라 ← 라 ← 라 ← 라 ← 라 ← 라 ← 라 ← 라 ← 라   1200자

마 → 마 → 마 → 마 → 마 → 마 → 마 → 마 → 마 → 마 → 마 → 마
바 → 바 → 바 → 바 → 바 → 바 → 바 → 바 → 바 → 바 → 바 → 바   1224자

사 ← 사 ← 사 ← 사 ← 사 ← 사 ← 사 ← 사 ← 사 ← 사 ← 사 ← 사
아 ← 아 ← 아 ← 아 ← 아 ← 아 ← 아 ← 아 ← 아 ← 아 ← 아 ← 아   1248자

자 → 자 → 자 → 자 → 자 → 자 → 자 → 자 → 자 → 자 → 자 → 자
차 → 차 → 차 → 차 → 차 → 차 → 차 → 차 → 차 → 차 → 차 → 차   1272자

카 ← 카 ← 카 ← 카 ← 카 ← 카 ← 카 ← 카 ← 카 ← 카 ← 카 ← 카
타 ← 타 ← 타 ← 타 ← 타 ← 타 ← 타 ← 타 ← 타 ← 타 ← 타 ← 타   1296자

파 → 파 → 파 → 파 → 파 → 파 → 파 → 파 → 파 → 파 → 파 → 파
하 → 하 → 하 → 하 → 하 → 하 → 하 → 하 → 하 → 하 → 하 → 하   1320자

가 ← 가 ← 가 ← 가 ← 가 ← 가 ← 가 ← 가 ← 가 ← 가 ← 가 ← 가
나 ← 나 ← 나 ← 나 ← 나 ← 나 ← 나 ← 나 ← 나 ← 나 ← 나 ← 나   1344자

The Super Speed Reading

2단계 두 줄 글자 기호 인지 훈련 ❽호

시점을 중심에 두고 좌(左)에서 우로, 우(右)에서 좌로 빠르게 이동하세요.

시점
← • →

가→가→가→가→가→가→가→가→가→가→가→가
나→나→나→나→나→나→나→나→나→나→나→나 1368자

다←다←다←다←다←다←다←다←다←다←다←다
라←라←라←라←라←라←라←라←라←라←라←라 1392자

마→마→마→마→마→마→마→마→마→마→마→마
바→바→바→바→바→바→바→바→바→바→바→바 1416자

사←사←사←사←사←사←사←사←사←사←사←사
아←아←아←아←아←아←아←아←아←아←아←아 1440자

자→자→자→자→자→자→자→자→자→자→자→자
차→차→차→차→차→차→차→차→차→차→차→차 1464자

카←카←카←카←카←카←카←카←카←카←카←카
타←타←타←타←타←타←타←타←타←타←타←타 1488자

파→파→파→파→파→파→파→파→파→파→파→파
하→하→하→하→하→하→하→하→하→하→하→하 1512자

가←가←가←가←가←가←가←가←가←가←가←가
나←나←나←나←나←나←나←나←나←나←나←나 1536자

2단계 두 줄 글자 기호 인지 훈련 ❾호

시점을 중심에 두고 좌(左)에서 우로, 우(右)에서 좌로 빠르게 이동하세요.

시점
← • →

가→가→가→가→가→가→가→가→가→가→가→가→가
나→나→나→나→나→나→나→나→나→나→나→나→나 1560자

다←다←다←다←다←다←다←다←다←다←다←다←다
라←라←라←라←라←라←라←라←라←라←라←라←라 1584자

마→마→마→마→마→마→마→마→마→마→마→마→마
바→바→바→바→바→바→바→바→바→바→바→바→바 1608자

사←사←사←사←사←사←사←사←사←사←사←사←사
아←아←아←아←아←아←아←아←아←아←아←아←아 1632자

자→자→자→자→자→자→자→자→자→자→자→자→자
차→차→차→차→차→차→차→차→차→차→차→차→차 1656자

카←카←카←카←카←카←카←카←카←카←카←카←카
타←타←타←타←타←타←타←타←타←타←타←타←타 1680자

파→파→파→파→파→파→파→파→파→파→파→파→파
하→하→하→하→하→하→하→하→하→하→하→하→하 1704자

가←가←가←가←가←가←가←가←가←가←가←가←가
나←나←나←나←나←나←나←나←나←나←나←나←나 1728자

The Super Speed Reading

2단계 두 줄 글자 기호 인지 훈련 ❿호

시점을 중심에 두고 좌(左)에서 우로, 우(右)에서 좌로 빠르게 이동하세요.

시점
← • →

가 → 가 → 가 → 가 → 가 → 가 → 가 → 가 → 가 → 가 → 가 → 가
나 → 나 → 나 → 나 → 나 → 나 → 나 → 나 → 나 → 나 → 나 → 나 1752자

다 ← 다 ← 다 ← 다 ← 다 ← 다 ← 다 ← 다 ← 다 ← 다 ← 다 ← 다
라 ← 라 ← 라 ← 라 ← 라 ← 라 ← 라 ← 라 ← 라 ← 라 ← 라 ← 라 1776자

마 → 마 → 마 → 마 → 마 → 마 → 마 → 마 → 마 → 마 → 마 → 마
바 → 바 → 바 → 바 → 바 → 바 → 바 → 바 → 바 → 바 → 바 → 바 1800자

사 ← 사 ← 사 ← 사 ← 사 ← 사 ← 사 ← 사 ← 사 ← 사 ← 사 ← 사
아 ← 아 ← 아 ← 아 ← 아 ← 아 ← 아 ← 아 ← 아 ← 아 ← 아 ← 아 1824자

자 → 자 → 자 → 자 → 자 → 자 → 자 → 자 → 자 → 자 → 자 → 자
차 → 차 → 차 → 차 → 차 → 차 → 차 → 차 → 차 → 차 → 차 → 차 1848자

카 ← 카 ← 카 ← 카 ← 카 ← 카 ← 카 ← 카 ← 카 ← 카 ← 카 ← 카
타 ← 타 ← 타 ← 타 ← 타 ← 타 ← 타 ← 타 ← 타 ← 타 ← 타 ← 타 1872자

파 → 파 → 파 → 파 → 파 → 파 → 파 → 파 → 파 → 파 → 파 → 파
하 → 하 → 하 → 하 → 하 → 하 → 하 → 하 → 하 → 하 → 하 → 하 1896자

가 ← 가 ← 가 ← 가 ← 가 ← 가 ← 가 ← 가 ← 가 ← 가 ← 가 ← 가
나 ← 나 ← 나 ← 나 ← 나 ← 나 ← 나 ← 나 ← 나 ← 나 ← 나 ← 나 1920자

■ 두 줄 글자 기호 인지 훈련 기록표

실력이 향상되도록 1분 단위로 매회 글자 수를 꼭 기록하세요

1차 : 자	2차 : 자	3차 : 자
4차 : 자	5차 : 자	6차 : 자
7차 : 자	8차 : 자	9차 : 자
10차 : 자	11차 : 자	12차 : 자
13차 : 자	14차 : 자	15차 : 자
16차 : 자	17차 : 자	18차 : 자
19차 : 자	20차 : 자	21차 : 자
22차 : 자	23차 : 자	24차 : 자
25차 : 자	26차 : 자	27차 : 자
28차 : 자	29차 : 자	30차 : 자

The Super Speed Reading

글자 인지(認知) 능력 훈련표 2호

훈련 설명

1. 불러 준 훈련 낱말의 단어를 10초 이내 인지하세요.
2. 두 글자 찾기 훈련이 끝나면 세 글자 찾기 훈련으로 하세요.
3. 예를 들어 국어를 찾을 때 "국"보다 "어"를 먼저 찾아도 됩니다.
4. 글자 수의 한 글자 더 늘어나도 10초를 초과할 수 없습니다.
5. 매일 단어를 바꾸어서 꾸준히 훈련하세요.

← 시점 →

	뉴		독	생	최	고		서	도	활
화	유	파	금		토		트	엄		담
	놀	글		강	효	반	기	탐		잡
리	자		의		니	감	도	과	정	
라	마	오	크		기		전	자		법
	지	메	당	스		교	영		한	쇼
구		아	견	서		름		남	울	
	울		인		현		폼		가	
물		부	지	식	씨		교		메	박
	서		시	래		과		된	회	
붓		속		학		관	독	카	모	

훈련 낱말 — 두 글자 인지 훈련 소요 시간 기록표

10초가 넘으면 기록하지 마세요.

낱말	1차	2차	3차	4차	5차
강남	1차: 초	2차: 초	3차: 초	4차: 초	5차: 초
서울	1차: 초	2차: 초	3차: 초	4차: 초	5차: 초
현금	1차: 초	2차: 초	3차: 초	4차: 초	5차: 초
뉴스	1차: 초	2차: 초	3차: 초	4차: 초	5차: 초
엄마	1차: 초	2차: 초	3차: 초	4차: 초	5차: 초
놀자	1차: 초	2차: 초	3차: 초	4차: 초	5차: 초
기름	1차: 초	2차: 초	3차: 초	4차: 초	5차: 초
최고	1차: 초	2차: 초	3차: 초	4차: 초	5차: 초
의견	1차: 초	2차: 초	3차: 초	4차: 초	5차: 초
영화	1차: 초	2차: 초	3차: 초	4차: 초	5차: 초
잡지	1차: 초	2차: 초	3차: 초	4차: 초	5차: 초
인기	1차: 초	2차: 초	3차: 초	4차: 초	5차: 초
감독	1차: 초	2차: 초	3차: 초	4차: 초	5차: 초
가정	1차: 초	2차: 초	3차: 초	4차: 초	5차: 초
탐구	1차: 초	2차: 초	3차: 초	4차: 초	5차: 초

훈련 낱말 — 세 글자 인지 훈련 소요 시간 기록표

10초가 넘으면 기록하지 마세요.

낱말	1차	2차	3차	4차	5차
아파트	1차: 초	2차: 초	3차: 초	4차: 초	5차: 초
토크쇼	1차: 초	2차: 초	3차: 초	4차: 초	5차: 초
한반도	1차: 초	2차: 초	3차: 초	4차: 초	5차: 초
담당자	1차: 초	2차: 초	3차: 초	4차: 초	5차: 초
유니폼	1차: 초	2차: 초	3차: 초	4차: 초	5차: 초
교과서	1차: 초	2차: 초	3차: 초	4차: 초	5차: 초
학부모	1차: 초	2차: 초	3차: 초	4차: 초	5차: 초
붓글씨	1차: 초	2차: 초	3차: 초	4차: 초	5차: 초
속독법	1차: 초	2차: 초	3차: 초	4차: 초	5차: 초
오래된	1차: 초	2차: 초	3차: 초	4차: 초	5차: 초
박물관	1차: 초	2차: 초	3차: 초	4차: 초	5차: 초
식생활	1차: 초	2차: 초	3차: 초	4차: 초	5차: 초
전시회	1차: 초	2차: 초	3차: 초	4차: 초	5차: 초
메시지	1차: 초	2차: 초	3차: 초	4차: 초	5차: 초
카메라	1차: 초	2차: 초	3차: 초	4차: 초	5차: 초

The Super Speed Reading

훈련 낱말 — 두 글자 인지 훈련 소요 시간 기록표

10초가 넘으면 기록하지 마세요.

낱말	6차	7차	8차	9차	10차
강남	초	초	초	초	초
서울	초	초	초	초	초
현금	초	초	초	초	초
뉴스	초	초	초	초	초
엄마	초	초	초	초	초
놀자	초	초	초	초	초
기름	초	초	초	초	초
최고	초	초	초	초	초
의견	초	초	초	초	초
영화	초	초	초	초	초
잡지	초	초	초	초	초
인기	초	초	초	초	초
감독	초	초	초	초	초
가정	초	초	초	초	초
탐구	초	초	초	초	초

훈련 낱말 — 세 글자 인지 훈련 소요 시간 기록표

10초가 넘으면 기록하지 마세요.

낱말	6차	7차	8차	9차	10차
아파트	초	초	초	초	초
토크쇼	초	초	초	초	초
한반도	초	초	초	초	초
담당자	초	초	초	초	초
유니폼	초	초	초	초	초
교과서	초	초	초	초	초
학부모	초	초	초	초	초
붓글씨	초	초	초	초	초
속독법	초	초	초	초	초
오래된	초	초	초	초	초
박물관	초	초	초	초	초
식생활	초	초	초	초	초
전시회	초	초	초	초	초
메시지	초	초	초	초	초
카메라	초	초	초	초	초

두 줄 글자 내용 인지훈련

- 호랑이와 은혜 갚은 들쥐
- 욕심 많은 개
- 까마귀와 여우
- 황소를 흉내낸 엄마 개구리
- 광개토대왕

글자 내용 인지 훈련 ❶호

시점을 한 줄의 횡 중심에 두고 ⌇방향으로 내용을 빠르게 순간 인지하면서 수직으로 이동한다.

【호랑이와 은혜 갚은 들쥐】　　　　　총 글자 수 : 596자

어느 날 호랑이가 양지바른 숲 속에서 한가롭게 쿨쿨 낮잠을 자고 있었습니다.

그때 들쥐 한 마리가 겁도 없이 자고 있는 호랑이의 몸 위로 슬슬 기어 올라갔습니다.　　　　64자

호랑이는 잠결에 털이 간지러워서 쳐다보니 들쥐가 겁도 없이 등 위로 올라가는 것이었습니다.

그 바람에 잠이 깬 호랑이는 너무 화가 나서 들쥐를 잡아먹으려고 앞발을 들었습니다.　　　　136자

그러자, 들쥐는 한 번만 살려달라고 애원했습니다.
정말로 저를 살려만 주신다면 반드시 은혜를 갚겠습니다.

이 말을 들은 호랑이는 "너같이 조그만 녀석이 힘이 어디에 있다고 은혜를 갚겠다는 거냐"고 했습니다.　　　　219자

호랑이는 한 입도 안 되는 들쥐를 먹어도 양이 차지 않아서 놓아주기로 하였습니다.

그 후 어느 날이었습니다.
호랑이는 사냥꾼이 쳐 놓은 그물에 그만 걸리고 말았습니다.　　　　286자

The Super Speed Reading
글자 내용 인지 훈련 ❷호

시점을 한 줄의 횡 중심에 두고 ↻방향으로 내용을 빠르게 순간 인지하면서 수직으로 이동한다.

그 그물은 매우 튼튼한 밧줄로 짠 그물이었습니다.
호랑이는 꼼짝도 할 수 없을 정도였습니다.

그물 속에 갇힌 호랑이는 큰 소리로 울부짖었습니다.
어디선가 울음소리를 듣고 들쥐가 달려가 보니,

363자

그때 나를 잡아먹지 않고 살려 준 그 호랑이였습니다.
"호랑이야! 잠시만 기다려!" 하고

들쥐는 얼른 호랑이가 갇힌 그물을 이로 물어 뜯기 시작하였습니다. 호랑이는 안도의 한숨을 쉬며 기다렸습니다.

441자

들쥐는 혼자서 열심히 이빨로 한 가닥 한 가닥 밧줄을 끊고 호랑이가 살 수 있도록 도와 주었습니다.

드디어 호랑이를 감싸고 있던 그물은 다 끊어지고 안전하게 살아날 수 있었습니다.

513자

호랑이는 들쥐에게 고맙다고 인사를 하고 나서 다시는 약한 동물이라고 업신여기지 않겠다고 마음먹었습니다.

힘없는 약한 들쥐이지만 도움을 받을 때도 있고 은혜를 갚을 수 있다는 것을 이제야 알았습니다.

596자

글자 내용 인지 훈련 ❸호

The Super Speed Reading

시점을 한 줄의 횡 중심에 두고 ⤴방향으로 내용을 빠르게 순간 인지하면서 수직으로 이동한다.

【욕심 많은 개】　　　　　　　　　　　　총 글자 수 : 601자

옛날 시골 마을에 아주 욕심 많은 한 마리 개가 살고 있었습니다.
이 개는 다른 개에 비해 너무 너무 욕심이 많았습니다.

어느 날 그 욕심 많은 개는 입에 고깃덩이를 하나 가득 물고 개울을
건너가고 있었습니다. 　　　　　　　　　　　　　　　　　　81자

개울에 놓인 징검다리를 한 칸 두 칸 건너가다 그만 물에 비친 자신
의 모습을 보게 되었습니다.

욕심 많은 개는 깜짝 놀라서 "저 개는 나보다 더 큰 고기를 물고 있
구나!" 이렇게 생각하고 있었습니다. 　　　　　　　　　　　157자

그래서 욕심 많은 개는 자기가 물고 있던 고깃덩이를 뱉어 버리고
말았습니다.

그리고 나서 물에 비친 다른 개의 고기를 빼앗기 위하여 물 속으로
풍덩 뛰어 들었습니다. 　　　　　　　　　　　　　　　　　223자

그 순간 고기는 온데간데 없고 물만 뒤집어쓰고 말았습니다.
아무리 찾아봐도 보이지 않았습니다.

결국 욕심 많은 개는 고기도 얻지 못하고 자기가 물고 있던 고기마
저 물에 떠내려갔습니다. 　　　　　　　　　　　　　　　　298자

The Super Speed Reading

글자 내용 인지 훈련 ④호

시점을 한 줄의 횡 중심에 두고 ↻방향으로 내용을 빠르게 순간 인지하면서 수직으로 이동한다.

이렇게 욕심 많은 개는 물 속에 비친 개가 자기 그림자인 줄도 모르고 이리 뛰고 저리 뛰어다녔습니다.

그런데 방금 보았던 개조차 없어지고 말았습니다.
이 욕심 많은 개는 너무나 억울해 했습니다.

375자

가만히 생각해 보니 조금 전에 개울에서 보았던 그 모습은 자신의 모습인 줄 이제 알았습니다.

욕심 많은 개는 너무 지나친 욕심 때문에 가지고 있던 것까지 모두 다 잃어 버렸습니다.

446자

이제 깨달은 욕심 많은 개는 자기가 너무 욕심을 많이 부렸다는 것을 알게 되었습니다.

다시는 욕심부리지 않고 먹을 것이 있으면 남에게도 나누어 줄 줄 아는 착한 개가 되기를 마음먹었습니다.

522자

그 후로 욕심 많은 개는 먹을 것이 있으면 혼자서 다 먹지 않고 누구에게나 베풀어주는 아주 착한 개로 변하였습니다.

그리고 불쌍한 개를 도우면서 건강하게 오래오래 아주 잘 살았다는 이야기입니다.

601자

글자 내용 인지 훈련 ❺호

시점을 한 줄의 횡 중심에 두고 ↩방향으로 내용을 빠르게 순간 인지하면서 수직으로 이동한다.

【까마귀와 여우】   총 글자 수 : 607자

날씨가 매우 쾌청한 어느 날, 까마귀 한 마리가 큰 느티나무 위에 앉아 있었습니다.

그 까마귀는 맛있는 고기를 입에 물고서 혼자 몰래 먹으려고 주위를 살피고 있는 중이었습니다.   70자

그 때 나무 밑을 지나던 여우가 까마귀가 물고 있는 먹음직스런 고기를 보게 되었습니다.

영리한 여우는 까마귀에게 다가가서 큰 소리로 까마귀에게 이렇게 말을 걸었습니다.   139자

이 세상에서 까만 양복을 입은 것처럼 네가 이 숲에서 제일 멋있다고 칭찬을 하였습니다.

그리고 나서 여우는 "까마귀야! 너의 목소리는 꾀꼬리보다 더 곱고 아름답다"고 하였습니다.   210자

까마귀는 그 말이 정말인 줄 알고 너무 기분이 좋아 여우의 말을 굳게 믿었습니다.

여우는 그 순간을 놓치지 않고 말을 계속 이어갔습니다.
"까마귀야 네가 한번 큰소리로 노래를 부르면 이 숲 속에서   287자

The Super Speed Reading

글자 내용 인지 훈련 ❻호

시점을 한 줄의 횡 중심에 두고 ⤵방향으로 내용을 빠르게 순간 인지하면서 수직으로 이동한다.

네가 제일 노래 잘 부르고 인기 있는 새가 될 꺼야!"
그 말을 들은 까마귀는 기분이 우쭐해져서 자기도 모르게

아주 멋있게 폼을 잡고 나무 위에서 큰소리로 노래를 부르려고 마음먹었습니다.

361자

까마귀는 노래를 부르기 위해 "끼악!" 하고 입을 크게 벌이는 순간 그만 물고 있던 고기가 땅바닥으로 떨어지고 말았습니다.

그때 여우가 재빨리 떨어진 고기를 집어삼키고 말았습니다.
까마귀는 그제야 자기가 여우에게 속았다는 것을 알았습니다.

458자

꾀 많고 지혜로운 여우에게 당한 까마귀는 너무 억울해 하며 자신의 날개로 가슴을 쳤습니다.

얄미운 여우에게 속은 것을 안 까마귀는 여우에게 복수를 하기 위해 잠시 생각을 하였습니다.

532자

그리고 나서 까마귀는 나무 위에서 여우 머리 위에 설사를 하기로 마음먹었습니다.

까마귀는 나무 위에서 날아가는 순간 여우의 머리 위에다 질척한 설사똥을 싸고 멀리 날아가 버렸습니다.

607자

글자 내용 인지 훈련 ❼호

시점을 한 줄의 횡 중심에 두고 ⤴방향으로 내용을 빠르게 순간 인지하면서 수직으로 이동한다.

【황소를 흉내낸 엄마 개구리】　　　　총 글자 수 : 973자

조용한 연못 한 가운데에서 개구리 가족이 모여 즐겁게 합창을 하고 있었습니다.

엄마 개구리가 아기 개구리들을 모아 놓고 열심히 노래를 가르치고 있었습니다.　　　　　　　　　　　　　　　　　　　　　　64자

처음으로 배워보는 노래가 재미있고 신기하기만 하여 아기 개구리들은 그저 열심히 불러댔습니다.

신이 나서 커다란 목소리로 목청껏 엄마 개구리를 따라서 "개굴개굴, 개굴개굴!" 노래를 불렀습니다.　　　　　　　　　　　　143자

노래를 다 부르고 나서 엄마 개구리는 아기 개구리를 데리고 바깥 구경을 시켜 주기로 하였습니다.

"우리가 살고 있는 이 연못보다 더 넓은 곳이 많이 있으니 이제부터 엄마와 함께 바깥 세상 구경을 해보자."　　　　　　　　　223자

그리고, 아기 개구리들은 엄마 개구리의 뒤를 따라서 하나 둘씩 연못 밖으로 나왔습니다.

아기 개구리들은 처음보는 넓은 초원 위를 여기서 폴짝 저기서 폴짝 뛰어 다니며 너무 좋아했습니다.　　　　　　　　　　　298자

The Super Speed Reading

 글자 내용 인지 훈련 ❽호

시점을 한 줄의 횡 중심에 두고 ⤵방향으로 내용을 빠르게 순간 인지하면서 수직으로 이동한다.

엄마 개구리는 먹을 수 있는 것과 먹을 수 없는 것을 구분하는 방법과 여러 가지 곤충들을 잡아먹으면서 하나씩 알려 주었습니다.

혼자 스스로 독립하여 살아 갈 수 있도록 사냥하는 방법 등을 다양하게 잘 가르쳐 주었습니다.

386자

그런데 저쪽에서 한가롭게 풀을 뜯고 있는 황소 한 마리가 아기 개구리의 눈에 들어왔습니다.

아기 개구리는 신기한 듯 엄마 개구리에게 "저기 큰 저것이 뭐예요." 하고 물어보았습니다.

459자

엄마 개구리는 "그건 아주 힘이 센 황소야!" "너희들은 매우 위험하니, 저 황소 근처에 가지도 말라."고 주의를 주었습니다.

"저 황소가 우리를 잡아먹지는 않지만 잘못하여 발에 밟히면 정말 큰일이 난단다."

537자

엄마 개구리는 너무나 걱정이 되어 아기 개구리들에게 다시 한번 단단히 주의를 주었습니다.

그래도 너무나 불안했습니다. 아무래도 안 되겠구나 서둘러서 아기 개구리들을 안전한 연못으로 돌아가려고 모두 불러모았습니다.

627자

글자 내용 인지 훈련 ❾호

시점을 한 줄의 횡 중심에 두고 ⤵방향으로 내용을 빠르게 순간 인지하면서 수직으로 이동한다.

그런데, 아기 개구리 한 마리가 처음 보는 황소를 신기한 듯 한참 동안 황소의 큰 눈과 뚱뚱한 배를 넋 없이 쳐다 보면서 "우와!"

하며 감탄하고 있었습니다. 아기 개구리들은 집으로 돌아와서도 계속 황소 이야기만 하였습니다.

714자

엄마 개구리는 아기 개구리들에게 엄마도 황소처럼 크다는 것을 보여 주고 싶었습니다.

아기 개구리들을 모두 불러 놓고 그 앞에서 엄마 개구리는 바람을 두 볼로 힘껏 마시니 배가 불러오기 시작하였습니다.

795자

엄마 개구리는 계속하여 배가 커지게끔 바람을 불어넣었습니다. 배에 주름이 쫙 펴지면서 뱃속에 바람이 꽉 들어 찼습니다.

엄마 개구리는 숨을 참으며 "얘들아, 이젠 엄마 배도 크지?" 아기 개구리들은 고개를 저으면서 "아직 아니에요."

886자

엄마는 조금 더 힘을 내어 최대한 몸을 더 부풀렸습니다. "얘들아, 이젠 황소만 하니?" 하고 물어 보는 순간, 마침내,

엄마 개구리의 배는 "펑!" 하고 터지고 말았습니다. 황소처럼 크다고 보여 주려다 그만 배가 터져 죽고 말았습니다.

973자

The Super Speed Reading

글자 내용 인지 훈련 ⑩호

시점을 한 줄의 횡 중심에 두고 ⌇방향으로 내용을 빠르게 순간 인지하면서 수직으로 이동한다.

【광개토대왕】　　　　　　　　　　　총 글자 수 : 338자

고구려의 18대 왕은 고국양왕이며 아들 담덕은 광개토대왕의 어렸을 때 이름입니다.

태자는 너무나 씩씩하고 늠름하여 다섯살 때부터 활쏘기와 말타기를 시작하였습니다.　　　　　　　　　　　　　　　　70자

짐승들 중에 왕은 호랑이라며 그 호랑이를 잡아서 아바마마에게 드리겠다고 어린 태자는 산 속으로 들어갔습니다.

드디어 집채만한 호랑이가 숲에서 나와 태자에게 덤벼들려는 순간 활의 시위를 당기고 말았습니다.　　　　　　　　　　156자

태자는 잡은 호랑이를 말에 싣고 대궐로 돌아왔는데 신하들은 죽은 호랑이를 보고 놀라워서 왕에게 전하였습니다.

태자가 호랑이를 잡았다는 소문은 벌써 대궐 밖에 백성들에게까지 전해져 온 백성이 춤을 추며 기뻐하였습니다.　　　　247자

고구려는 삼국시대의 한 나라로서 주몽인 동명성왕이 건국했고 그 다음으로는 유리왕이 고구려를 이어갔습니다.

고구려는 압록강 유역에 자리잡고 있으며 북쪽으로 송화강 근처에는 부여가 있고 동쪽에는 옥저가 있었습니다.　　　　338자

■ 두 줄 글자 내용 인지 훈련 기록표

두 줄 전체 총 글자 수 : 3,115자

실력 향상이 되도록 ❶호~❿호까지 매회 소요 시간을 꼭 기록하세요.

1차 : 분 초	2차 : 분 초	3차 : 분 초
4차 : 분 초	5차 : 분 초	6차 : 분 초
7차 : 분 초	8차 : 분 초	9차 : 분 초
10차 : 분 초	11차 : 분 초	12차 : 분 초
13차 : 분 초	14차 : 분 초	15차 : 분 초
16차 : 분 초	17차 : 분 초	18차 : 분 초
19차 : 분 초	20차 : 분 초	21차 : 분 초
22차 : 분 초	23차 : 분 초	24차 : 분 초
25차 : 분 초	26차 : 분 초	27차 : 분 초
28차 : 분 초	29차 : 분 초	30차 : 분 초

The Super Speed Reading

■ 두 줄 글자 내용 인지 훈련 기록표

두 줄 전체 총 글자 수 : 3,115자

실력 향상이 되도록 ❶호~❿호까지 매회 소요 시간을 꼭 기록하세요.

31차 : 분 초	32차 : 분 초	33차 : 분 초
34차 : 분 초	35차 : 분 초	36차 : 분 초
37차 : 분 초	38차 : 분 초	39차 : 분 초
40차 : 분 초	41차 : 분 초	42차 : 분 초
43차 : 분 초	44차 : 분 초	45차 : 분 초
46차 : 분 초	47차 : 분 초	48차 : 분 초
49차 : 분 초	50차 : 분 초	51차 : 분 초
52차 : 분 초	53차 : 분 초	54차 : 분 초
55차 : 분 초	56차 : 분 초	57차 : 분 초
58차 : 분 초	59차 : 분 초	60차 : 분 초

IX

실전 속독 이해도 테스트 (2)

이해도 테스트는 초등생이 꼭 읽어야 할 필독서인
삼국유사 중에서 만들었습니다.

삼국유사는 고구려, 백제, 신라의 역사와 그 시대의 세 나라에서 일어난
여러 가지 신비스러운 일들을 기록한 아주 귀중한 책입니다.

삼국유사는 백성들의 입에서 입으로 전해 내려오는 야사
(민가에서 사사로이 기록한 역사)를 모아서 엮은 책입니다.

우리 민족의 신화, 전설 등을 일일이 수집하여 비평이나
해설 없이 써서 엮은 책이 바로 삼국유사입니다.

이 책은 재미도 있으면서 청소년 시기에는 누구나 한 번쯤 부담 없이
꼭 읽어야할 책입니다.

속독 이해도 테스트 ③
삼국유사 중에서 : 고구려의 시조 동명성왕

※ 우화: 교훈적이고 풍자적인 내용을 동식물 등에 빗대어 엮은 이야기입니다.

속독 이해도 테스트 ④
세계 여러 나라의 우화 중에서 : 농부와 아들들

실전 속독 이해도 테스트 ❸

고구려의 시조 동명성왕

총 글자 수 : 2,605자

고구려는 지금의 만주 땅인 졸본부여로, 동명성왕인 고주몽이 세운 나라입니다. 고구려의 시조는 동명성제로서 그의 성은 고씨이며 이름은 주몽이었습니다. '주몽'은 활 잘 쏘는 사람을 가리키는 부여 말입니다.

동부여의 금와왕 때의 어느 날이었습니다. 사냥을 하던 금와왕은 태백산 남쪽에 있는 우발수라는 강가에서 아름다운 한 젊은 여인을 만나게 되었습니다. 금와왕은 젊은 여자에게 말을 걸었습니다.

"그대는 누구시기에 이렇게 호젓한 강가에 홀로 앉아 있습니까?"

여자는 조심스럽게 조용한 목소리로 다소곳이 대답하였습니다.

"저는 웅진산 아래 압록강 가에 사는 하백의 큰딸이옵니다."

하백은 물을 다스리는 신의 이름이었습니다.

"저는 아버님의 버림을 받고 홀로 떠돌아다니는 몸이 되었습니다."

"그대의 이름은 무엇입니까?"

"저는 유화라고 합니다."

"그대는 부모님께 무슨 죄를 지었기에 우발수에서 떠돌아다니는 신세가 되었는지요?"

유화는 지난날의 일을 말하기 시작했습니다.

물을 다스리는 신 하백은

The Super Speed Reading

딸 셋을 두었는데 그 세 자매의 이름은 유화, 훤화, 위화였습니다. 날씨가 더운 어느 날 그들은 더위를 잊으려고 목욕을 하고 있었습니다. 그때 마침 하느님의 아들 해모수가 이곳에 내려왔습니다. 당황한 나머지 언니 유화는 동생들을 재촉하여 서둘러 옷을 입게 하였습니다.

그러자, 늠름하고 씩씩하게 생긴 해모수가 유화에게로 다가와 말을 했습니다.

"나는 땅을 다스리려고 내려온 하느님의 아들이오."

"앞으로 이 땅은 나의 자손들이 이어받아 대대로 임금이 될 것이오."

하느님의 아들은 유화를 웅진산 아래 압록강가에 있는 어느 집으로 데리고 들어갔습니다. 유화의 모습이 너무나 아름다워 해모수는 유화에게 결혼을 하자고 청을 하였습니다.

"아버지께서 오랫동안 집을 비우고 계셔서 허락을 받자면 조금 시일이 걸립니다."

"그럼 어머님께 먼저 승낙을 받기로 합시다."

하느님의 아들 해모수와 물의 신 하백의 딸 유화는 어머니를 졸라 결국 결혼을 하게 되었습니다.

유화와 결혼한 해모수는 하늘 나라에 잠깐 다녀온다고 약속한 뒤 소식이 끊어졌습니다. 집에 돌아온 아버지 하백은 집을 비운 사이 있었던 일을 다 듣고서 크게 화를 냈습니다.

"내가 집을 비운 사이에 유화가 혼인을 한 것은 용서할 수 없다".

"더군다나 신랑 해모수가 하늘로 올라가 소식이 없다니! 이럴 수가 있느냐."

"이제는 더 이상 내 딸이 아니다! 더 이상 내 집에 둘 수 없다."

결국 유화는 집에서 쫓겨나 귀양살이를 하게 된 것이었습니다.

유화의 이야기를 다 듣고 난 금와왕은 이상한 생각이 들어, 유화를 데리고 대궐로 들어가 방 속에 가두어둡니다. 그런 후 이상한 일이 벌어지기 시작하였습니다. 눈부신 햇살이 쏟아져 들어와 유화의 몸을 비추고 있었습니다. 유화가 빛을 피하면 그 빛은 유화를 따라다니며 유화만을 비췄습니다. 유화는 눈부신

빛을 받은 다음부터 이상하게도 몸 속에 아기를 갖게 된 것을 알았습니다. 그리고 시간이 흘러 아기를 낳게 되었습니다. 유화 부인은 깜짝 놀랐습니다.
"내가 낳은 게 아기가 아니고, 큰 알이네!"

유화 부인이 이상하게도 알을 낳았다는 소문은 금와왕에게 알려집니다.
"뭐라고! 사람이 어떻게 알을 낳았단 말이냐."
"분명 불길한 일이로구나."
"당장 그 알을 돼지우리에 갖다 버려라!"
왕의 명령을 받은 신하들은 알을 돼지우리에 던져 버렸습니다. 그러나 돼지들은 알을 먹지도 않고 오히려 알 주위를 피하기만 하였습니다. 금와왕은 다시 그 알을 꺼내어 길거리에 내다 버리라고 명령을 합니다. 그러나 소, 말 같은 짐승도 그 알을 다 피해갔습니다.
"알을 들판에 내다 버려라!"
왕이 다시 명령합니다.
"아니! 새들이 날아와 따뜻하게 깃털로 알을 감싸주다니!"
이를 지켜본 신하들은 놀라서 왕에게 사실 그대로 아뢰었습니다.
"아하! 참, 이상한 일이로구나!"
"저희들이 다시 가서 알을 깨뜨려보겠습니다."
"그럼 그렇게 하여라."
신하들은 몽둥이를 들고 알이 있는 곳으로 달려가 힘차게 내려쳤지만 그 알은 끄떡도 하지 않고 깨지지도 않았습니다. 금와왕은 다시 명령을 내렸습니다.
"여봐라! 아무래도 그 알을 어미에게 돌려 주어야겠다."
그렇게 하여 알은 유화 부인에게 다시 돌아왔습니다.

The Super Speed Reading

유화 부인이 알을 되돌려 받고, 어미의 따뜻한 보호를 받으며 있었는데 얼마 후 천천히 알이 깨지면서 늠름한 사내아이가 태어났습니다. 알 속에서 태어난 아기는 건강하게 무럭무럭 잘 자랐습니다.

그 아이는 다른 아이들보다 아주 씩씩하였고 제대로 걷지도 못할 나이인데 벌써 활을 쏘며 사냥 연습을 하였습니다.

"이 아이는 정말 예사로운 인물이 아니구나." 유화부인은 그 아이의 이름을 주몽이라고 불러 주어야겠다고 생각해 이름을 지어줍니다.

어느덧 세월이 흘러서 주몽이 나이가 열살이 넘어갔습니다. 동부여에서는 활을 잘 쏘는 사람으로 인정해 주었고 주몽은 하느님의 손자이며, 물의 신인 수신의 외손자이며, 또한 해모수의 아들답게 아주 재주가 뛰어나고 활기찼습니다. 활 솜씨가 그 누구보다 뛰어나 백발백중의 명사수로 누구도 당할 자가 없었습니다.

금와왕에게는 대소 태자를 비롯한 일곱 왕자가 있었습니다. 그들은 주몽의 재주를 시샘하기 시작했습니다.

"주몽은 위험한 인물이요."

"아예 없애 버리자!"

"장차 나라를 뺏으려 할지 모릅니다."

금와왕은 그들의 말을 듣지 않고 주몽을 말먹이꾼으로 있게 하였습니다. 태자들은 기회를 보아 주몽를 없애버려야겠다고 논의하였습니다. 주몽의 어머니는 위험이 닥쳐올 것을 미리 알아차리고 주몽에게 말을 하였습니다.

"이 나라 왕궁의 사람들은 앞으로 너를 해치려고 하고 있으니 조심하라."

고 알려 주었습니다.

"이곳을 피하여 앞으로 닥쳐올 화를 면하도록 하여라."

주몽에게는 의논하고, 그를 따르는 무의, 말이, 혁구라는 세 청년이 있었습니다.

"위험이 닥쳐오니 이곳을 떠나 남쪽으로 가서 새 나라를 세워야겠다."

"그럼 어머님께 작별인사를 하고 올 테니, 잠깐만 기다리고 있어라."

주몽은 어머니께 작별인사를 합니다.

" 어머니! 이제 이곳을 떠나야겠습니다."

"그래, 그 큰 뜻을 펼쳐 아주 큰 나라를 이룩하거라."

작별인사가 끝나고 마구간으로 갔습니다. 그곳에는 명마 한 필이 주인을 기다리고 있었습니다. 이 말은 본래 금와왕이 타던 말이었습니다. 그러나 금와왕이 주몽에게 마구간 일을 맡겼을 때 주몽의 어머니의 말대로 그 말의 혀에 바늘을 꽂아 두었습니다. 그 명마는 먹지도 못하고 말라만 갔습니다. 그래서 금와왕으로부터 물려받게 된 말이었습니다. 주몽은 이 말을 정성스럽게 키워 명마로 만든 것입니다. 주몽이 일행과 함께 엄소라는 강가에 이르렀을 때 대소 태자의 군사들이 추적해 오기 시작했습니다.

"아! 저기를 보십시오, 하늘이 도우시나 봅니다."

일행이 기다리는 곳에는 물고기와 자라들이 물 위에 뗏목처럼 많이 떠 있었습니다.

"자 저것을 믿고 건너야겠다."

주몽은 일행들과 함께 강을 건너기 시작하였습니다. 대소 태자의 군사들이 뒤쫓으려 하자 물고기와 자라들이 다시 흩어져 그들이 추적해 오지 못하도록 어디론가 사라지고 말았습니다. 주몽은 궁궐도 없이 비리수 언저리에 집을 짓고 머물러 나라를 일으켰습니다. 이 나라의 이름을 고구려라고 하였습니다. 주몽은 나라 이름과 함께 성씨를 '고'로 정하였습니다. 이때 주몽의 나이 열두살 (삼국사기에는 22세) 기원전 37년이었습니다. 그리하여 고주몽은 고구려의 첫 임금으로 시조가 되었습니다. 고주몽은 후손들에 의해 동명성왕이라는 이름으로 일컬어지게 되었는데, 이는 '동방의 빛나는 거룩한 임금'이라는 뜻입니다.

The Super Speed Reading

문제풀이

1. 아래 다섯 문제 중에서 3문제 이상을 맞추어야 합니다.
2. 틀린 문제는 다시 한 번 속독으로 읽으면서 확인하세요.
3. 반복하여 훈련, 소요 시간을 단축하세요.
4. 정답은 1회만 맞추어 보고, 2회째부터 실전 속독 스피드 훈련만 하세요.

이해도 테스트 ## 고구려의 시조 동명성왕

1. 웅진산 아래 압록강 가에 사는 하백은 무엇을 다스리는 신인가? (   )
   ① 산   ② 불   ③ 물   ④ 땅

2. 하느님의 아들 해모수는 하백의 세 딸 중 누구와 결혼하였는가? (   )
   ① 위하   ② 유화   ③ 훤화   ④ 유하

3. 해모수와 결혼한 하백의 딸이 임신을 해서 아기가 태어나지 않고 이것이 나왔다고 한다. 이것은? (   )
   ① 알   ② 용   ③ 뱀   ④ 박

4. 금와왕이 타던 말이 왜 먹지도 못하고 말라만 갔는가? (   )
   ① 금와왕이 너무 많이 타고 다녀서.
   ② 일부러 먹이를 주지 않아서.
   ③ 말의 혀에 바늘을 꽂아두었기 때문에.
   ④ 말이 나이가 많아서.

5. 주몽의 일행은 대소 태자와 군사들에게 쫓기고 있었다. 이때 강 위에서 뗏목 역할을 해 주어 무사히 강을 건너가게 했다. 무엇이 도와주었나?
   (   )
   ① 잉어와 거북이   ② 나무와 잡초
   ③ 상어와 고래   ④ 물고기와 자라

고구려의 시조 동명성왕 : 실전 속독 스피드 훈련 기록표

실력이 향상되도록 매회 소요 시간을 꼭 기록하세요.

1차 : 분 초	2차 : 분 초	3차 : 분 초
4차 : 분 초	5차 : 분 초	6차 : 분 초
7차 : 분 초	8차 : 분 초	9차 : 분 초
10차 : 분 초	11차 : 분 초	12차 : 분 초
13차 : 분 초	14차 : 분 초	15차 : 분 초
16차 : 분 초	17차 : 분 초	18차 : 분 초
19차 : 분 초	20차 : 분 초	21차 : 분 초
22차 : 분 초	23차 : 분 초	24차 : 분 초
25차 : 분 초	26차 : 분 초	27차 : 분 초
28차 : 분 초	29차 : 분 초	30차 : 분 초

Ⅸ. 실전 속독 이해도 테스트(2)

The Super Speed Reading

실전 속독 이해도 테스트 ❹

농부와 아들들

총 글자 수 : 689자

　어느 마을에 늙은 농부가 살고 있었다. 농부는 집도 있었고 가족을 부양하는 데 충분한 밭도 가지고 있었다. 그것은 전부 그가 거친 땅을 개간하여 얻은 것이었다.

　농부가 이곳에 온 것은 벌써 40여년 전이었다. 빈손으로 이 마을에 들어온 농부는 처음에는 마을 사람들의 심부름을 해 주며 식생활을 해결했다. 그러면서 오랜 세월에 걸쳐 틈나는대로 황무지를 개간하여 밭으로 일구었다. 그동안에 부인과 자식을 얻었으며 이제 아들들도 훌륭한 청년이 되었다. 하지만 늙은 농부는 자식들에게 남길 것이 아무 것도 없다고 생각했다. 단 한 가지는 빼고 말이다.

　죽을 날이 가까워졌다고 느낀 어느 날, 늙은 농부는 세 아들을 불러 이렇게 말했다.

"내가 죽으면 이 집도 밭도 물론 너희들 것이다. 너희들이 사이좋게 나누어 갖도록 해라. 또 한 가지 말해 둘 것이 있는데, 내가 너희들이 평생 동안 편히 살아갈 수 있을 정도의 보물을 밭에 파묻어 뒀다. 그것이 어디 있냐하면……"

늙은 농부는 끝내 그 보물이 어디 있는지 말하지 않고 갑자기 세상을 떠나고 말았다.

아들들은 똑같이 밭을 분배했다. 그리고 저마다 아버지가 말해 준 보물을 생각했다. 분명히 보물을 밭에 묻었다고 했으니 밭을 파다 보면 어디에서든 결국엔 나올 것이라고 생각한 세 아들은 각각 자신의 밭을 파기 시작했다. 세 아들 중 누구의 밭에 보물이 있을지 몰라 형제들은 서로에게 신경을 쓰면서 필사적으로 자신의 밭을 팠다.

하지만 밭을 전부 파헤쳐도 보물은 나오지 않았고, 혹시나 하는 마음에 이번에는 밭에서 이어진 주변의 황무지를 끈기 있게 파기 시작했다. 황무지는 밭에 비해서 흙이 더 단단하고 바위와 나무뿌리도 무척 많아서 파는 것이 쉽지 않았다. 하지만 세 아들은 아버지가 거짓말을 했을 리 없다고 믿고는 필사적으로 황무지를 팠다.

그러던 어느 순간, 세 아들이 문득 정신을 차려 보니 그들 모두 각각 독립된 가정을 이루고 있었고, 충분히 먹고 살 수 있을 정도로 너른 밭이 개간되어 있었다.

The Super Speed Reading

문제풀이

1. 아래 세 문제 중에서 2문제 이상을 맞추어야 합니다.
2. 틀린 문제는 다시 한 번 속독으로 읽으면서 확인하세요.
3. 반복하여 훈련, 소요 시간을 단축하세요.
4. 정답은 1회만 맞추어 보고, 2회 째부터 실전 속독 스피드 훈련만 하세요.

이해도 테스트 ## 농부와 아들들

1. 농부는 늙어서 죽을 날이 가까워지자 세 아들을 불러서 유언을 합니다. 재산을 어떻게 하라고 하였나요? ( )
   ① 어머니께 드리라고 했다.   ② 장남에게만 주라고 했다.
   ③ 좋은 일에 쓰라고 하였다.   ④ 사이좋게 나누어 갖도록 하였다.

2. 농부가 밭에다 묻었다고 한 것은? ( )
   ① 돈   ② 보물   ③ 금   ④ 은

3. 아들들이 아버지의 유언대로 밭을 파 보았는데 무엇이 나왔을까요? ( )
   ① 항아리   ② 금도끼
   ③ 아무것도 없었다.   ④ 보물

농부와 아들들 : 실전 속독 스피드 훈련 기록표

실력이 향상되도록 매회 소요 시간을 꼭 기록하세요.

1차 : 　분　　초	2차 : 　분　　초	3차 : 　분　　초
4차 : 　분　　초	5차 : 　분　　초	6차 : 　분　　초
7차 : 　분　　초	8차 : 　분　　초	9차 : 　분　　초
10차 : 　분　　초	11차 : 　분　　초	12차 : 　분　　초
13차 : 　분　　초	14차 : 　분　　초	15차 : 　분　　초
16차 : 　분　　초	17차 : 　분　　초	18차 : 　분　　초
19차 : 　분　　초	20차 : 　분　　초	21차 : 　분　　초
22차 : 　분　　초	23차 : 　분　　초	24차 : 　분　　초
25차 : 　분　　초	26차 : 　분　　초	27차 : 　분　　초
28차 : 　분　　초	29차 : 　분　　초	30차 : 　분　　초

글자 인지 시야 확대 [1글자~3글자] 훈련 ❸

* 시점은 책을 펼쳐서 두 쪽 중심의 제본선 상단에 위치하세요.
* 머리는 고정하고 안구를 움직여 좌(左)·우(右)의 글자를 인지하세요.

← 시

솔	←――①――①――①――①――①――
떡	←――①――①――①――①――①――
개	←――①――①――①――①――①――

새우	←――②――②――②――②――②
소라	←――②――②――②――②――②
꽁치	←――②――②――②――②――②

말미잘	←――③――③――③――③――
고등어	←――③――③――③――③――
주꾸미	←――③――③――③――③――

The Super Speed Reading

초급 기초 훈련

* 턱을 아래로 당긴 상태에서 훈련하세요.
* 글자 한 자~세 자까지 아래로 이동하여 ❿회까지 반복 훈련하세요.
* 시간이 단축될 수 있도록 매번 소요 시간을 꼭 기록하세요.

점 →

솔
떡
개

새우
소라
꽁치

말미잘
고등어
주꾸미

■ 시야 확대 1글자~3글자 인지 훈련 기록표

기록이 향상되도록 매회 소요 시간을 꼭 적으세요.

1차 : 초	2차 : 초	3차 : 초
4차 : 초	5차 : 초	6차 : 초
7차 : 초	8차 : 초	9차 : 초
10차 : 초	11차 : 초	12차 : 초
13차 : 초	14차 : 초	15차 : 초
16차 : 초	17차 : 초	18차 : 초
19차 : 초	20차 : 초	21차 : 초
22차 : 초	23차 : 초	24차 : 초
25차 : 초	26차 : 초	27차 : 초
28차 : 초	29차 : 초	30차 : 초

The Super Speed Reading

집중력
두뇌 운동 테스트

글자 인지, 색 훈련

The Super Speed Reading

>>> 단어 인지 집중력 두뇌 테스트   훈련 3호

- 선택된 단어 하나를 주시하고 있다가 시작과 동시에 인지하세요.
- 아래의 같은 단어를 (10초 이내) 인지하면서 개수를 세어서 기록하세요.
- 시점을 중심에 두고 한 줄씩 빠르게 인지하여 수직으로 이동하세요.
- 개수가 맞는지 다시 한번 천천히 확인하세요.

산딸기 창 소나기

고릴라 미꾸라지 화분 물개

오리 소나기 미꾸라지 바가지

바가지 산딸기 파 연필 사슴 화분

바가지 창 사자 코끼리 고릴라 소나기 매미

물개 매미 미꾸라지 화분 산딸기 물개 파

소나기 연필 산딸기 물개 고릴라 바가지 파 화분 창

코끼리 화분 바가지 고릴라 산딸기 그림공부 매미

파 산딸기 연필 바가지 미꾸라지 파 바가지

바나나 물개 산딸기 창 소나기

미꾸라지 소나기 산딸기 파 매미

파 소나기 창 바가지

화분 파 연필

단어 인지 & 집중력 두뇌 테스트 기록표

실력 향상이 되도록 ❶호~❿호까지 매회 소요 시간을 꼭 기록하세요.

1차 : 개 초	2차 : 개 초	3차 : 개 초
4차 : 개 초	5차 : 개 초	6차 : 개 초
7차 : 개 초	8차 : 개 초	9차 : 개 초
10차 : 개 초	11차 : 개 초	12차 : 개 초
13차 : 개 초	14차 : 개 초	15차 : 개 초
16차 : 개 초	17차 : 개 초	18차 : 개 초
19차 : 개 초	20차 : 개 초	21차 : 개 초
22차 : 개 초	23차 : 개 초	24차 : 개 초
25차 : 개 초	26차 : 개 초	27차 : 개 초
28차 : 개 초	29차 : 개 초	30차 : 개 초

Ⅸ. 실전 속독 이해도 테스트(2)

The Super Speed Reading

두뇌체조 | 글자 색 [집중력 훈련] ③호

다음 글자의 색만 소리내어 읽으세요.[소요 시간은: 30초 내]
예 (노랑) 이 글자는 초록으로 소리내어 읽으면 됩니다.
* 매회 소요 시간을 기록하여 단축 훈련하세요.

출발 →

노랑	초록	빨강	파랑	빨강
검정	노랑	초록	노랑	초록
파랑	검정	빨강	빨강	노랑
초록	파랑	검정	노랑	파랑
검정	초록	빨강	검정	초록
빨강	파랑	노랑	파랑	검정
초록	빨강	노랑	노랑	파랑
초록	빨강	검정	초록	빨강
검정	노랑	파랑	파랑	검정
초록	빨강	노랑	검정	파랑

종료 →

| ① 초 | ② 초 | ③ 초 | ④ 초 | ⑤ 초 |
| ⑥ 초 | ⑦ 초 | ⑧ 초 | ⑨ 초 | ⑩ 초 |

■ 스피드 & 집중력 향상을 위한 훈련 기록표

*기록이 향상되도록 매회 소요 시간을 꼭 적으세요.

1차 : 초	2차 : 초	3차 : 초
4차 : 초	5차 : 초	6차 : 초
7차 : 초	8차 : 초	9차 : 초
10차 : 초	11차 : 초	12차 : 초
13차 : 초	14차 : 초	15차 : 초
16차 : 초	17차 : 초	18차 : 초
19차 : 초	20차 : 초	21차 : 초
22차 : 초	23차 : 초	24차 : 초
25차 : 초	26차 : 초	27차 : 초
28차 : 초	29차 : 초	30차 : 초

The Super Speed Reading

■ 스피드 & 집중력 향상을 위한 훈련 기록표

*기록이 향상되도록 매회 소요 시간을 꼭 적으세요.

31차 : 초	32차 : 초	33차 : 초
34차 : 초	35차 : 초	36차 : 초
37차 : 초	38차 : 초	39차 : 초
40차 : 초	41차 : 초	42차 : 초
43차 : 초	44차 : 초	45차 : 초
46차 : 초	47차 : 초	48차 : 초
49차 : 초	50차 : 초	51차 : 초
52차 : 초	53차 : 초	54차 : 초
55차 : 초	56차 : 초	57차 : 초
58차 : 초	59차 : 초	60차 : 초

X

세 줄 글자 인지 훈련

3단계 : 세 줄 글자 인지 훈련 설명

1. 시점을 중심에 두고 최대한 글자 기호를 명확히 보면서 좌, 우의 진한 색 글자 기호를 순간 인지하면서 아래로 이동한다.

2. 시야를 최대한 확보하고 빠른 눈의 움직임과 정확한 글자 인지 능력을 위하여 연속적으로 훈련한다.

3. 한 줄 인지 훈련부터 아홉 줄 인지 훈련까지는 단계별로 시야를 점점 확보하여 보다 넓은 시야를 가지고 있어야 한다.

4. 실전 문장 훈련에 있어서 글자 군(群)을 형성하면서 마음의 느낌으로 읽어나간다.

5. ①호~⑩호까지 다 이동하면 다시 ①호로 이어져 훈련하다가 1분이 되면 그 위치에 정지한다.

6. 점차적으로 시야를 확대하여 넓혀나간다.

7. 1분 단위로 훈련하고 글자 수를 기록한다.

3단계 세 줄 글자 기호 인지 훈련 ❶호

시점을 중심에 두고 좌(左)에서 우로, 우(右)에서 좌로 빠르게 이동하세요.

시점
←・→

가→가→가→가→가→가→가→가→가→가→가→가
나→나→나→나→나→나→나→나→나→나→나→나
다→다→다→다→다→다→다→다→다→다→다→다　36자

라←라←라←라←라←라←라←라←라←라←라←라
마←마←마←마←마←마←마←마←마←마←마←마
바←바←바←바←바←바←바←바←바←바←바←바　72자

사→사→사→사→사→사→사→사→사→사→사→사
아→아→아→아→아→아→아→아→아→아→아→아
자→자→자→자→자→자→자→자→자→자→자→자　108자

차←차←차←차←차←차←차←차←차←차←차←차
카←카←카←카←카←카←카←카←카←카←카←카
타←타←타←타←타←타←타←타←타←타←타←타　144자

파→파→파→파→파→파→파→파→파→파→파→파
하→하→하→하→하→하→하→하→하→하→하→하
가→가→가→가→가→가→가→가→가→가→가→가　180자

X. 세 줄 글자 인지훈련

The Super Speed Reading

3단계   세 줄 글자 기호 인지 훈련 ❷호

시점을 중심에 두고 좌(左)에서 우로, 우(右)에서 좌로 빠르게 이동하세요.

시점
← • →

가→가→가→가→가→가→가→가→가→가→가→가→가
나→나→나→나→나→나→나→나→나→나→나→나→나
다→다→다→다→다→다→다→다→다→다→다→다→다

216자

라←라←라←라←라←라←라←라←라←라←라←라←라
마←마←마←마←마←마←마←마←마←마←마←마←마
바←바←바←바←바←바←바←바←바←바←바←바←바

252자

사→사→사→사→사→사→사→사→사→사→사→사→사
아→아→아→아→아→아→아→아→아→아→아→아→아
자→자→자→자→자→자→자→자→자→자→자→자→자

288자

차←차←차←차←차←차←차←차←차←차←차←차←차
카←카←카←카←카←카←카←카←카←카←카←카←카
타←타←타←타←타←타←타←타←타←타←타←타←타

324자

파→파→파→파→파→파→파→파→파→파→파→파→파
하→하→하→하→하→하→하→하→하→하→하→하→하
가→가→가→가→가→가→가→가→가→가→가→가→가

360자

3단계 세 줄 글자 기호 인지 훈련 ❸호

시점을 중심에 두고 좌(左)에서 우로, 우(右)에서 좌로 빠르게 이동하세요.

시점
← · →

가→가→가→가→가→가→가→가→가→가→가→가
나→나→나→나→나→나→나→나→나→나→나→나
다→다→다→다→다→다→다→다→다→다→다→다
396자

라←라←라←라←라←라←라←라←라←라←라←라
마←마←마←마←마←마←마←마←마←마←마←마
바←바←바←바←바←바←바←바←바←바←바←바
432자

사→사→사→사→사→사→사→사→사→사→사→사
아→아→아→아→아→아→아→아→아→아→아→아
자→자→자→자→자→자→자→자→자→자→자→자
468자

차←차←차←차←차←차←차←차←차←차←차←차
카←카←카←카←카←카←카←카←카←카←카←카
타←타←타←타←타←타←타←타←타←타←타←타
504자

파→파→파→파→파→파→파→파→파→파→파→파
하→하→하→하→하→하→하→하→하→하→하→하
가→가→가→가→가→가→가→가→가→가→가→가
540자

X. 세 줄 글자 인지훈련

The Super Speed Reading

3단계 세 줄 글자 기호 인지 훈련 ❹호

시점을 중심에 두고 좌(左)에서 우로, 우(右)에서 좌로 빠르게 이동하세요.

시점
← · →

가 → 가 → 가 → 가 → 가 → 가 → 가 → 가 → 가 → 가 → 가 → 가
나 → 나 → 나 → 나 → 나 → 나 → 나 → 나 → 나 → 나 → 나 → 나
다 → 다 → 다 → 다 → 다 → 다 → 다 → 다 → 다 → 다 → 다 → 다   576자

라 ← 라 ← 라 ← 라 ← 라 ← 라 ← 라 ← 라 ← 라 ← 라 ← 라 ← 라
마 ← 마 ← 마 ← 마 ← 마 ← 마 ← 마 ← 마 ← 마 ← 마 ← 마 ← 마
바 ← 바 ← 바 ← 바 ← 바 ← 바 ← 바 ← 바 ← 바 ← 바 ← 바 ← 바   612자

사 → 사 → 사 → 사 → 사 → 사 → 사 → 사 → 사 → 사 → 사 → 사
아 → 아 → 아 → 아 → 아 → 아 → 아 → 아 → 아 → 아 → 아 → 아
자 → 자 → 자 → 자 → 자 → 자 → 자 → 자 → 자 → 자 → 자 → 자   648자

차 ← 차 ← 차 ← 차 ← 차 ← 차 ← 차 ← 차 ← 차 ← 차 ← 차 ← 차
카 ← 카 ← 카 ← 카 ← 카 ← 카 ← 카 ← 카 ← 카 ← 카 ← 카 ← 카
타 ← 타 ← 타 ← 타 ← 타 ← 타 ← 타 ← 타 ← 타 ← 타 ← 타 ← 타   684자

파 → 파 → 파 → 파 → 파 → 파 → 파 → 파 → 파 → 파 → 파 → 파
하 → 하 → 하 → 하 → 하 → 하 → 하 → 하 → 하 → 하 → 하 → 하
가 → 가 → 가 → 가 → 가 → 가 → 가 → 가 → 가 → 가 → 가 → 가   720자

3단계 세 줄 글자 기호 인지 훈련 ❺호

시점을 중심에 두고 좌(左)에서 우로, 우(右)에서 좌로 빠르게 이동하세요.

시점
← • →

가→가→가→가→가→가→가→가→가→가→가→가
나→나→나→나→나→나→나→나→나→나→나→나
다→다→다→다→다→다→다→다→다→다→다→다
756자

라←라←라←라←라←라←라←라←라←라←라←라
마←마←마←마←마←마←마←마←마←마←마←마
바←바←바←바←바←바←바←바←바←바←바←바
792자

사→사→사→사→사→사→사→사→사→사→사→사
아→아→아→아→아→아→아→아→아→아→아→아
자→자→자→자→자→자→자→자→자→자→자→자
828자

차←차←차←차←차←차←차←차←차←차←차←차
카←카←카←카←카←카←카←카←카←카←카←카
타←타←타←타←타←타←타←타←타←타←타←타
864자

파→파→파→파→파→파→파→파→파→파→파→파
하→하→하→하→하→하→하→하→하→하→하→하
가→가→가→가→가→가→가→가→가→가→가→가
900자

X. 세 줄 글자 인지훈련

The Super Speed Reading

3단계   세 줄 글자 기호 인지 훈련 ❻호

시점을 중심에 두고 좌(左)에서 우로, 우(右)에서 좌로 빠르게 이동하세요.

시점
← · →

가 → 가 → 가 → 가 → 가 → 가 → 가 → 가 → 가 → 가 → 가 → 가
나 → 나 → 나 → 나 → 나 → 나 → 나 → 나 → 나 → 나 → 나 → 나
다 → 다 → 다 → 다 → 다 → 다 → 다 → 다 → 다 → 다 → 다 → 다   936자

라 ← 라 ← 라 ← 라 ← 라 ← 라 ← 라 ← 라 ← 라 ← 라 ← 라 ← 라
마 ← 마 ← 마 ← 마 ← 마 ← 마 ← 마 ← 마 ← 마 ← 마 ← 마 ← 마
바 ← 바 ← 바 ← 바 ← 바 ← 바 ← 바 ← 바 ← 바 ← 바 ← 바 ← 바   972자

사 → 사 → 사 → 사 → 사 → 사 → 사 → 사 → 사 → 사 → 사 → 사
아 → 아 → 아 → 아 → 아 → 아 → 아 → 아 → 아 → 아 → 아 → 아
자 → 자 → 자 → 자 → 자 → 자 → 자 → 자 → 자 → 자 → 자 → 자   1008자

차 ← 차 ← 차 ← 차 ← 차 ← 차 ← 차 ← 차 ← 차 ← 차 ← 차 ← 차
카 ← 카 ← 카 ← 카 ← 카 ← 카 ← 카 ← 카 ← 카 ← 카 ← 카 ← 카
타 ← 타 ← 타 ← 타 ← 타 ← 타 ← 타 ← 타 ← 타 ← 타 ← 타 ← 타   1044자

파 → 파 → 파 → 파 → 파 → 파 → 파 → 파 → 파 → 파 → 파 → 파
하 → 하 → 하 → 하 → 하 → 하 → 하 → 하 → 하 → 하 → 하 → 하
가 → 가 → 가 → 가 → 가 → 가 → 가 → 가 → 가 → 가 → 가 → 가   1080자

3단계 세 줄 글자 기호 인지 훈련 ❼호

시점을 중심에 두고 좌(左)에서 우로, 우(右)에서 좌로 빠르게 이동하세요.

시점
← · →

가→가→가→가→가→가→가→가→가→가→가→가
나→나→나→나→나→나→나→나→나→나→나→나
다→다→다→다→다→다→다→다→다→다→다→다 1116자

라←라←라←라←라←라←라←라←라←라←라←라
마←마←마←마←마←마←마←마←마←마←마←마
바←바←바←바←바←바←바←바←바←바←바←바 1152자

사→사→사→사→사→사→사→사→사→사→사→사
아→아→아→아→아→아→아→아→아→아→아→아
자→자→자→자→자→자→자→자→자→자→자→자 1188자

차←차←차←차←차←차←차←차←차←차←차←차
카←카←카←카←카←카←카←카←카←카←카←카
타←타←타←타←타←타←타←타←타←타←타←타 1224자

파→파→파→파→파→파→파→파→파→파→파→파
하→하→하→하→하→하→하→하→하→하→하→하
가→가→가→가→가→가→가→가→가→가→가→가 1260자

The Super Speed Reading

3단계 세 줄 글자 기호 인지 훈련 ❽호

시점을 중심에 두고 좌(左)에서 우로, 우(右)에서 좌로 빠르게 이동하세요.

시점
← · →

가→가→가→가→가→가→가→가→가→가→가→가
나→나→나→나→나→나→나→나→나→나→나→나
다→다→다→다→다→다→다→다→다→다→다→다 1296자

라←라←라←라←라←라←라←라←라←라←라←라
마←마←마←마←마←마←마←마←마←마←마←마
바←바←바←바←바←바←바←바←바←바←바←바 1332자

사→사→사→사→사→사→사→사→사→사→사→사
아→아→아→아→아→아→아→아→아→아→아→아
자→자→자→자→자→자→자→자→자→자→자→자 1368자

차←차←차←차←차←차←차←차←차←차←차←차
카←카←카←카←카←카←카←카←카←카←카←카
타←타←타←타←타←타←타←타←타←타←타←타 1404자

파→파→파→파→파→파→파→파→파→파→파→파
하→하→하→하→하→하→하→하→하→하→하→하
가→가→가→가→가→가→가→가→가→가→가→가 1440자

3단계 세 줄 글자 기호 인지 훈련 ❾호

시점을 중심에 두고 좌(左)에서 우로, 우(右)에서 좌로 빠르게 이동하세요.

시점
←·→

가→가→가→가→가→가→가→가→가→가→가→가
나→나→나→나→나→나→나→나→나→나→나→나
다→다→다→다→다→다→다→다→다→다→다→다 1476자

라←라←라←라←라←라←라←라←라←라←라←라
마←마←마←마←마←마←마←마←마←마←마←마
바←바←바←바←바←바←바←바←바←바←바←바 1512자

사→사→사→사→사→사→사→사→사→사→사→사
아→아→아→아→아→아→아→아→아→아→아→아
자→자→자→자→자→자→자→자→자→자→자→자 1548자

차←차←차←차←차←차←차←차←차←차←차←차
카←카←카←카←카←카←카←카←카←카←카←카
타←타←타←타←타←타←타←타←타←타←타←타 1584자

파→파→파→파→파→파→파→파→파→파→파→파
하→하→하→하→하→하→하→하→하→하→하→하
가→가→가→가→가→가→가→가→가→가→가→가 1620자

X. 세 줄 글자 인지훈련

The Super Speed Reading

3단계   세 줄 글자 기호 인지 훈련 ❿호

시점을 중심에 두고 좌(左)에서 우로, 우(右)에서 좌로 빠르게 이동하세요.

시점
← • →

가→가→가→가→가→가→가→가→가→가→가→가
나→나→나→나→나→나→나→나→나→나→나→나
다→다→다→다→다→다→다→다→다→다→다→다   1656

라←라←라←라←라←라←라←라←라←라←라←라
마←마←마←마←마←마←마←마←마←마←마←마
바←바←바←바←바←바←바←바←바←바←바←바   1692

사→사→사→사→사→사→사→사→사→사→사→사
아→아→아→아→아→아→아→아→아→아→아→아
자→자→자→자→자→자→자→자→자→자→자→자   1728

차←차←차←차←차←차←차←차←차←차←차←차
카←카←카←카←카←카←카←카←카←카←카←카
타←타←타←타←타←타←타←타←타←타←타←타   1764

파→파→파→파→파→파→파→파→파→파→파→파
하→하→하→하→하→하→하→하→하→하→하→하
가→가→가→가→가→가→가→가→가→가→가→가   1800

■ 세 줄 글자 기호 인지 훈련 기록표

실력이 향상되도록 1분 단위로 매회 글자 수를 꼭 기록하세요.

1차 : 자	2차 : 자	3차 : 자
4차 : 자	5차 : 자	6차 : 자
7차 : 자	8차 : 자	9차 : 자
10차 : 자	11차 : 자	12차 : 자
13차 : 자	14차 : 자	15차 : 자
16차 : 자	17차 : 자	18차 : 자
19차 : 자	20차 : 자	21차 : 자
22차 : 자	23차 : 자	24차 : 자
25차 : 자	26차 : 자	27차 : 자
28차 : 자	29차 : 자	30차 : 자

X. 세 줄 글자 인지훈련

The Super Speed Reading

글자 인지(認知) 능력 훈련표 3호

훈련 설명

1. 불러 준 훈련 낱말의 단어를 10초 이내 인지하세요.
2. 두 글자 찾기 훈련이 끝나면 세 글자 찾기 훈련으로 하세요.
3. 예를 들어 국어를 찾을 때 "국"보다 "어"를 먼저 찾아도 됩니다.
4. 글자 수가 한 글자 더 늘어나도 10초를 초과할 수 없습니다.
5. 매일 단어를 바꾸어서 꾸준히 훈련하세요.

← 시점 →

소		농	얼	자		기		모		희
효	손		아	운	선		더	자		보
	밥	무	감	할		원		영		태
기	축	컨		잠	양		인	초		자
자	당		리		녀	면	위	터		식
환		조		쉬	리	장		장	방	
	연		병	냉	자		위	김		캐
디		협		음	비		제		에	랑
장	어	송		인	운		풍	면	릭	끼
원	영		질		무	유		주	소	방
서	찜	사	신	과		아		아		수

훈련 낱말 — 두 글자 인지 훈련 소요 시간 기록표

10초가 넘으면 기록하지 마세요.

낱말	1차	2차	3차	4차	5차
얼음	1차: 초	2차: 초	3차: 초	4차: 초	5차: 초
김밥	1차: 초	2차: 초	3차: 초	4차: 초	5차: 초
자녀	1차: 초	2차: 초	3차: 초	4차: 초	5차: 초
식당	1차: 초	2차: 초	3차: 초	4차: 초	5차: 초
병원	1차: 초	2차: 초	3차: 초	4차: 초	5차: 초
풍선	1차: 초	2차: 초	3차: 초	4차: 초	5차: 초
모양	1차: 초	2차: 초	3차: 초	4차: 초	5차: 초
축제	1차: 초	2차: 초	3차: 초	4차: 초	5차: 초
방송	1차: 초	2차: 초	3차: 초	4차: 초	5차: 초
조끼	1차: 초	2차: 초	3차: 초	4차: 초	5차: 초
할인	1차: 초	2차: 초	3차: 초	4차: 초	5차: 초
환영	1차: 초	2차: 초	3차: 초	4차: 초	5차: 초
장소	1차: 초	2차: 초	3차: 초	4차: 초	5차: 초
농협	1차: 초	2차: 초	3차: 초	4차: 초	5차: 초
연기	1차: 초	2차: 초	3차: 초	4차: 초	5차: 초

훈련 낱말 — 세 글자 인지 훈련 소요 시간 기록표

10초가 넘으면 기록하지 마세요.

낱말	1차	2차	3차	4차	5차
아리랑	1차: 초	2차: 초	3차: 초	4차: 초	5차: 초
에어컨	1차: 초	2차: 초	3차: 초	4차: 초	5차: 초
무더위	1차: 초	2차: 초	3차: 초	4차: 초	5차: 초
손쉬운	1차: 초	2차: 초	3차: 초	4차: 초	5차: 초
초보자	1차: 초	2차: 초	3차: 초	4차: 초	5차: 초
잠자기	1차: 초	2차: 초	3차: 초	4차: 초	5차: 초
디자인	1차: 초	2차: 초	3차: 초	4차: 초	5차: 초
캐릭터	1차: 초	2차: 초	3차: 초	4차: 초	5차: 초
신비감	1차: 초	2차: 초	3차: 초	4차: 초	5차: 초
수영장	1차: 초	2차: 초	3차: 초	4차: 초	5차: 초
유아원	1차: 초	2차: 초	3차: 초	4차: 초	5차: 초
찜질방	1차: 초	2차: 초	3차: 초	4차: 초	5차: 초
소아과	1차: 초	2차: 초	3차: 초	4차: 초	5차: 초
무서운	1차: 초	2차: 초	3차: 초	4차: 초	5차: 초
주사위	1차: 초	2차: 초	3차: 초	4차: 초	5차: 초

The Super Speed Reading

훈련 낱말 — 두 글자 인지 훈련 소요 시간 기록표

10초가 넘으면 기록하지 마세요.

낱말	6차	7차	8차	9차	10차
얼음	초	초	초	초	초
김밥	초	초	초	초	초
자녀	초	초	초	초	초
식당	초	초	초	초	초
병원	초	초	초	초	초
풍선	초	초	초	초	초
모양	초	초	초	초	초
축제	초	초	초	초	초
방송	초	초	초	초	초
조끼	초	초	초	초	초
할인	초	초	초	초	초
환영	초	초	초	초	초
장소	초	초	초	초	초
농협	초	초	초	초	초
연기	초	초	초	초	초

훈련 낱말 — 세 글자 인지 훈련 소요 시간 기록표

10초가 넘으면 기록하지 마세요.

낱말	6차	7차	8차	9차	10차
아리랑	초	초	초	초	초
에어컨	초	초	초	초	초
무더위	초	초	초	초	초
손쉬운	초	초	초	초	초
초보자	초	초	초	초	초
잠자기	초	초	초	초	초
디자인	초	초	초	초	초
캐릭터	초	초	초	초	초
신비감	초	초	초	초	초
수영장	초	초	초	초	초
유아원	초	초	초	초	초
찜질방	초	초	초	초	초
소아과	초	초	초	초	초
무서운	초	초	초	초	초
주사위	초	초	초	초	초

XI
세 줄 글자 내용 인지 훈련

- 태양과 바람의 대결
- 영리하고 머리 좋은 까치
- 나무꾼과 배고픈 여우
- 김유신 장군

글자 내용 인지 훈련 ❶호

시점을 한 줄의 횡 중심에 두고 ❓방향으로 내용을 빠르게 순간 인지하면서 수직으로 이동한다.

【태양과 바람의 대결】　　　　　　　　　총 글자 수 : 1,194자

날씨가 따듯한 어느 봄날 태양과 바람이 만났습니다.
태양과 바람은 사이좋게 지내다가 갑자기 그 둘은 서로 자기가 더
힘이 세다고 자랑하기 시작하였습니다.　　　　　　　　　　63자

태양은 "바람보다 내가 더 세다" 바람도 "태양보다 내가 더 세다"
서로 말씨름을 하고 있었습니다.
바람은 자신 있게 말했습니다. "야! 태양아!"　　　　　　116자

"내가 폭풍처럼 아주 센 바람을 불면 너보다 더 셀 거야!" 하며 바
람이 말을 했습니다.
그 말을 들은 태양은 "그럼 좋아!"　　　　　　　　　　　160자

"실제로 힘을 겨루어 보자"고 바람에게 제의를 했습니다.
그때 마침 젊은 나그네가 길을 걸어가고 있었습니다.
태양은 바람에게 "저기 걸어가는 젊은 나그네의 외투를　　225자

먼저 벗기면 이기는 걸로 하자"고 했습니다.
바람도 자신 있다며 찬성을 했습니다.
먼저 바람이 걸어가는 젊은 나그네의 옷을 벗기기 위하여　　280자

The Super Speed Reading

글자 내용 인지 훈련 ❷호

시점을 한 줄의 횡 중심에 두고 ↷방향으로 내용을 빠르게 순간 인지하면서 수직으로 이동한다.

아주 강하게 바람을 불었습니다.
나그네는 갑자기 센 바람이 쌩-하며 불자 외투를 힘껏 움켜쥐고 아무 생각 없이 걸어갔습니다.

330자

바람은 또 다시 더욱 센 바람으로 젊은 나그네를 향하여 휘~익 하며 쏜살같이 돌진했습니다.
바람은 나그네의 옷이 벗겨져라, 벗겨져라 하며 계속하여 나그네를

393자

향하여 강풍으로만 불어댑니다.
나그네는 옷이 날아갈까봐 더욱 힘차게 옷을 잡고서 외투의 단추까지 모두 꼭꼭 채웠습니다.

443자

바람은 계속하여 강하게 불었지만 단추까지 잠긴 외투는 결코 벗겨지지 않았습니다. 바람은 그만 지쳐서 더 이상 힘을 내어 바람을 불 수가 없었습니다.

503자

"자, 이번엔 내 차례로군."하며 태양이 말했습니다.
태양은 여유가 있게 젊은 나그네를 향해 따뜻한 햇볕을 서서히 비추기 시작하였습니다.

557자

글자 내용 인지 훈련 ❸호

시점을 한 줄의 횡 중심에 두고 ⤵방향으로 내용을 빠르게 순간 인지하면서 수직으로 이동한다.

나그네는 "강한 바람이 지나가고 따듯한 햇살이 비추니 마음의 안정을 찾으면서 이제야 조금 살 것 같군!" 하며 가벼운 마음으로 가던 길을 걸어가기 시작하였습니다. 621자

꼭꼭 잠기었던 외투의 단추도 하나 둘씩 풀면서 여유가 있게 길을 걸어가고 있었습니다.
그러나 태양은 더욱 뜨거운 열기로 나그네를 향해 아주 강하게 681자

햇볕을 내리 쬐기 시작하였습니다.
젊은 나그네는 태양과 바람이 힘겨루기를 하는 줄도 모르고 "오늘 날씨가 왜 이렇게 변덕스러운지" 하면서 혼잣말로 741자

중얼거리며 길을 걸어갔습니다.
한참을 걸었을까 날씨가 점점 뜨거워지자 나그네는 너무 더워서 견딜 수가 없었습니다. 온 몸은 찌는듯이 달아오르고 있었습니다. 806자

나그네는 입고 있던 외투를 벗어들고 걸어갔습니다. 태양을 사정없이 더욱 강하게 열기를 뿜어냈습니다. 나그네는 온 몸에 비오듯이 땀이 많이 흐르고 목도 말라서 도저히 견딜 수가 없었습니다. 883자

The Super Speed Reading
글자 내용 인지 훈련 ❹호

시점을 한 줄의 횡 중심에 두고 ⤵방향으로 내용을 빠르게 순간 인지하면서 수직으로 이동한다.

그래서 물을 찾기 시작하였습니다.
나그네는 더위에 지친 몸으로 물이 있을 만한 곳을 찾아 이곳저곳을 한참 동안 돌아다녔습니다.

935자

그러던 중 어디선가 나그네의 귓가에 졸졸졸 물이 흐르는 소리가 들려오는 것이었습니다.
나그네는 드디어 맑고 깨끗한 시냇물을 찾았습니다.

992자

손에 들고 있던 외투를 잠시 바닥에 내려놓고 웃옷을 모두 벗어 던지고 시냇물이 흐르는 곳에 풍덩 뛰어들고 말았습니다.
나그네는 차가운 시냇물로 세수까지 하면서 더위를 식혔습니다.

1,066자

태양이 드디어 승리하는 순간이었습니다.
그 광경을 지켜본 바람은 자기가 진 것을 알고 아무 말도 못하고 어디론가 바람처럼 사라졌습니다.

1,122자

이 이야기는 "힘이 세다고 자랑하지 말고, 약하다고 얕보지말라, 사람을 대할 때 차가운 마음으로 대하면 마음을 닫고, 따뜻한 마음으로 대하면 마음을 연다"는 교훈적인 이야기입니다.

1,194자

글자 내용 인지 훈련 ❺호

시점을 한 줄의 횡 중심에 두고 ↶방향으로 내용을 빠르게 순간 인지하면서 수직으로 이동한다.

【영리하고 머리 좋은 까치】 총 글자 수 : 606자

날씨가 매우 더운 어느 여름날, 까치 한 마리가 물을 찾으려 여기저기 헤매고 있었습니다. 여러 날 비가 오지 않아 까치는 물 한 모금 먹지 못하고 하루하루를 지내야만 했습니다. 68자

산에서 내려오는 물도 모두 말라버렸습니다.
까치는 몹시 목이 말라서 죽을 것만 같았습니다.
"어서 물 한 모금만 마셨으면" 하는 생각밖에 없었습니다. 127자

까치는 더 이상 지쳐서 날기조차 힘이 들었습니다.
"어디가면 물을 찾을 수 있을까?"
오로지 물 생각만 하면서 지친 몸으로 걸어가는데 그때 마치 땅에 185자

떨어진 병을 하나 발견하였습니다.
병 속을 가만히 들여다보니 누군가 먹다 버린 물이 병 속에 반쯤 들어 있었습니다. 231자

너무나 다행이었습니다. 까치는 그 물병을 끌어안고 기뻐서 어찌할 줄을 몰랐습니다.
"이제는 살았구나!" 하며 큰소리를 치면서 좋아했습니다. 287자

The Super Speed Reading

글자 내용 인지 훈련 ❻호

시점을 한 줄의 횡 중심에 두고 ⤵방향으로 내용을 빠르게 순간 인지하면서 수직으로 이동한다.

그런데 까치는 물을 먹으려 하니 부리가 물에 닿지 않는다는 것을 알았습니다. "이거 큰일났구나. 목은 말라 죽겠는데, 어떻게 하면 이 물을 마실까?" 이리저리 궁리를 하였습니다. 356자

"무슨 좋은 방법이 없을까?"
한참 동안 생각하다가. "앗! 이러면 되지" 하면서 날개를 딱하고 쳤습니다. "아! 좋은 생각이 있어" 하면서 좋아했습니다. 411자

그리고 주위에 있는 작은 돌을 하나 둘씩 부리로 물고 와서 물병 속에 집어넣기 시작하였습니다.
쉬지 않고 계속해서 돌멩이를 집어넣으니 물병 속에 물이 점점 474자

차오르기 시작하였습니다.
드디어 물은 까치가 부리로 먹을 수 있을 정도까지 올라 왔습니다.
까치는 날개로 박수를 치며 좋아했습니다. 528자

시원하게 물을 마시고 나서 까치는 생각했습니다. 포기하지 말고 머리를 잘 쓰면 모든 일이 쉽게 해결될 수 있다는것을 알았습니다. 조금만 생각을 바꾸면 좋은 결과가 있다는 교훈적인 이야기입니다. 606자

글자 내용 인지 훈련 ❼호

시점을 한 줄의 횡 중심에 두고 ⌇방향으로 내용을 빠르게 순간 인지하면서 수직으로 이동한다.

【나무꾼과 배고픈 여우】 총 글자 수 : 941자

어느 산골에 사는 나무꾼이 산에 나무를 하러 올라와서, 가지고 온 삶은 감자와 점심에 먹을 맛있는 도시락을 아무도 모르게 죽은 고목 나무 구멍에 넣어 두었습니다. 65자

그리고 이곳에서 멀리 떨어져 나무가 많이 있는 이곳저곳에서 열심히 나무꾼은 나무를 하고 있었습니다.
한참 뒤, 배고픈 여우가 맛있는 냄새를 맡고 나타났습니다. 130자

그 여우는 이곳까지 찾아와 먹음직스런 도시락을 발견하였습니다. 도시락 속에는 맛있는 고기반찬 냄새가 폴- 폴- 풍겨 나오고 있었습니다. 냄새만 맡아도 침이 꿀꺽 넘어갈 정도였습니다. 204자

그 여우는 주위를 한번 살펴보고 아무도 보는 사람이 없자 얼른 고목 나무 구멍 속으로 들어갔습니다. 여우는 나무꾼의 도시락을 정말 맛있게 먹어버렸습니다. 267자

그리고 나서 옆에 있던 삶은 감자까지 하나도 남김없이 모조리 먹어 치워버렸습니다.
"오랜만에 맛있는 도시락을 잘 먹었군!" 하며 318자

XI. 세 줄 글자 내용 인지훈련 215

The Super Speed Reading

글자 내용 인지 훈련 ❽호

시점을 한 줄의 횡 중심에 두고 ⤵방향으로 내용을 빠르게 순간 인지하면서 수직으로 이동한다.

여우는 나무 구멍 밖으로 막 나오려는데 너무 많이 먹었는지 그만 배가 큰 풍선처럼 불렀습니다. 도시락을 맛있게 먹은 여우는 도저히 혼자서 빠져나올 수가 없었습니다.   385자

여우는 나무꾼이 오기 전에 빨리 빠져 나가야 하는데 걱정이 태산 같았습니다. 여우는 나무 구멍 속에서 걱정만 하고 있었습니다. 정말 여우는 그만 꼼짝없이 구멍 속에 갇히고 말았습니다.   458자

여우는 나무 구멍 속에서 혼자 계속해서 울고만 있었습니다. 그 때 친구 여우 한 마리가 우연히 그 앞을 지나가게 되었습니다. 무슨 소리를 들은 친구 여우는 가던 길을 멈추었습니다.   529자

그런데 구멍 속에서 이상한 울음소리가 들려 왔습니다. 고목 나무 가까이 다가가서 들여다보니 여우가 혼자서 울고 있는 것이었습니다.   583자

친구 여우는 어찌된 영문인지 물어보았습니다. 구멍 속의 여우는 엉-엉 울면서 지금까지 있었던 일을 사실대로 다 말해 주었습니다.   635자

글자 내용 인지 훈련 ❾호

시점을 한 줄의 횡 중심에 두고 ↷방향으로 내용을 빠르게 순간 인지하면서 수직으로 이동한다.

그 말을 들은 바깥에 있는 친구 여우는 한편으로는 너무나 불쌍하고 걱정이 되었습니다.
그러나, 맛있는 것을 혼자 먹은 친구 여우가 미워졌습니다. 63자

그렇다고 밖에 있는 친구 여우가 강제로 잡아당길 수 도 없고, 뚱뚱해진 배를 보니 그냥 나올 것 같지도 않고, 또한 머리를 잡아서 끌어낼 수 도 없는 일입니다. 693자

그리하여, 구멍 속의 여우를 보고 놀리듯이 친구 여우가 말을 하였습니다. "너는 그 속에서 소화가 다 될 때까지 참고 기다리고 있거라!" "배가 홀쭉해질 때까지 말이다!" 753자

"배가 홀쭉해지면 쉽게 밖으로 나올 수 있으니까."
그렇게 말하고 친구 여우는 어디론가 횡- 하고 사라지고 말았습니다. 나무 구멍 속의 여우는 엉~엉 울고 말았습니다. 881자

이 글을 읽고 우리들은 많은 생각을 하게 됩니다.
먹을 것이 있으면 욕심부리지 말고 친구끼리 사이좋게 나누어 먹어야 한다는 교훈적인 이야기입니다. 941자

The Super Speed Reading

글자 내용 인지 훈련 ⑩호

시점을 한 줄의 횡 중심에 두고 ⏀방향으로 내용을 빠르게 순간 인지하면서 수직으로 이동한다.

【김유신 장군】 총 글자 수 : 314자

김유신은 어릴 때부터 글을 익혀서 「논어」와 「맹자」 등 어려운 책들도 능숙하게 읽었으며 아주 똘망똘망하게 눈동자가 빛나는 예쁜 눈을 가진 영특한 아이였다.
62자

다른 아이들보다 몸과 마음을 단련하는 데 있어서 열심히 하였고 아버지 김서현은 무술연습과 정신집중 훈련을 하는 데 아주 좋은 스승이 되어 주었다.
122자

김유신은 달리는 말에서 활을 쏘아 날아가는 새도 맞추고 창도 나무에 던지면서 나날이 그 실력이 향상되었으며 칼 솜씨 또한 아주 대단하였다.
179자

아버지는 옷을 벗고 조금도 주저하지 않고 물속으로 들어갔다. 유신이도 아버지를 따라서 주춤거림 없이 차가운 물속으로 들어가는 순간 "아- 차가워"하며 소리를 질렀다.
246자

아버지는 보란듯이 꼼짝도 않고 그 차가운 물속에 몸을 맡기고 앉았다. 유신이는 하는 수 없이 물속에 가만히 들어가 앉아 인내심과 참을성을 아버지로 인하여 단련시켰다.
314자

■ 세 줄 글자내용 인지 훈련 기록표

세 줄 전체 총 글자 수 : 3,055자

실력이 향상되도록 ①호~⑩호까지 매회 소요 시간을 꼭 기록하세요.

1차 : 분 초	2차 : 분 초	3차 : 분 초
4차 : 분 초	5차 : 분 초	6차 : 분 초
7차 : 분 초	8차 : 분 초	9차 : 분 초
10차 : 분 초	11차 : 분 초	12차 : 분 초
13차 : 분 초	14차 : 분 초	15차 : 분 초
16차 : 분 초	17차 : 분 초	18차 : 분 초
19차 : 분 초	20차 : 분 초	21차 : 분 초
22차 : 분 초	23차 : 분 초	24차 : 분 초
25차 : 분 초	26차 : 분 초	27차 : 분 초
28차 : 분 초	29차 : 분 초	30차 : 분 초

The Super Speed Reading

■ 세 줄 글자내용 인지 훈련 기록표

세 줄 전체 총 글자 수 : 3,055자

실력이 향상되도록 ①호~⑩호까지 매회 소요 시간을 꼭 기록하세요.

31차 : 분 초	32차 : 분 초	33차 : 분 초
34차 : 분 초	35차 : 분 초	36차 : 분 초
37차 : 분 초	38차 : 분 초	39차 : 분 초
40차 : 분 초	41차 : 분 초	42차 : 분 초
43차 : 분 초	44차 : 분 초	45차 : 분 초
46차 : 분 초	47차 : 분 초	48차 : 분 초
49차 : 분 초	50차 : 분 초	51차 : 분 초
52차 : 분 초	53차 : 분 초	54차 : 분 초
55차 : 분 초	56차 : 분 초	57차 : 분 초
58차 : 분 초	59차 : 분 초	60차 : 분 초

XII

실전 속독 이해도 테스트 (3)

이해도 테스트는 초등생이 꼭 읽어야 할 필독서인
삼국유사 중에서 만들었습니다.

삼국유사는 고구려, 백제, 신라의 역사와 그 시대의 세 나라에서 일어난
여러 가지 신비스러운 일들을 기록한 아주 귀중한 책입니다.

삼국유사는 백성들의 입에서 입으로 전해 내려오는 야사
(민가에서 사사로이 기록한 역사)를 모아서 엮은 책입니다.

우리 민족의 신화, 전설 등을 일일이 수집하여 비평이나
해설 없이 써서 엮은 책이 바로 삼국유사입니다.

이 책은 재미도 있으면서 청소년 시기에는 누구나 한 번쯤 부담 없이
꼭 읽어야할 책입니다.

속독 이해도 테스트 ⑤
삼국유사 중에서 : 김유신과 세 신령님

※ 우화: 교훈적이고 풍자적인 내용을 동식물 등에 빗대어 엮은 이야기입니다.

속독 이해도 테스트 ⑥
세계 여러 나라의 우화 중에서 : 토끼와 산비둘기

실전 속독 이해도 테스트 ❺

김유신과 세 신령님

총 글자 수 : 1,585자

신라의 삼국통일에 중요한 역할을 한 김유신 장군은, 각간(이벌찬)이란 벼슬에 있던 서현의 큰아들로 태어났습니다. 유신은 해와 달 그리고 다섯 개 별의 정기를 타고났기에 등에는 일곱 개의 별 무늬가 새겨져 있었습니다.

유신에게는 이상하게도 매우 신기한 일이 많이 생겼습니다. 유신은 나이 18세 되던 해 검술과 무예를 열심히 닦아 화랑이 되었습니다. 어디서 왔는지는 잘 모르지만 화랑의 무리인 낭도 중 백석이란 사람을 만났습니다.

유신은 마음속으로 고구려와 백제를 쳐서 삼국을 통일하겠다는 생각을 깊이 하고 있었을 때였습니다. 유신의 이러한 계획을 알아차린 백석은 유신에게 다가가 말을 했습니다.

"큰일을 하려면 먼저 적의 사정을 알아야 합니다."

The Super Speed Reading

"저와 함께 몰래 적국의 지역에 들어가 동태를 살펴본 후에 일을 꾀하는 것이 좋을 것 같습니다."

유신은 백석의 말이 옳다고 생각하고 밤에 몰래 백석과 함께 길을 떠났습니다.

유신과 백석 길을 걸어가다가 고개 마루에서 잠시 쉬고 있는데, 두 여자가 뒤를 따라왔습니다. 그 날 밤 골화천이라는 곳에 이르러 자게 되었는데 또 한 여자가 나타났습니다. 유신은 그들 세 여자와 함께 즐겁게 이런저런 이야기를 나누고 있었습니다.

그때 여자들이 유신에게 맛있는 과일을 바쳤습니다.
"우리는 유신공의 계획을 다 알고 따라왔습니다."
"저기 같이 온 백석을 잠시 떼

어놓고 우리와 함께 숲 속으로 들어갑시다." "아무도 없는 곳에서 아주 중요한 이야기를 말씀드리겠습니다."

유신이 여자 셋과 숲 속으로 들어가는 순간, 여자들은 갑자기 신령의 모습으로 변하면서 입을 열었습니다.
"저희는 나림, 혈례, 골화 등 세 곳을 지키는 호국신입니다."
"지금 적국의 사람이 당신을 꾀어서 가는데 그것도 모르고 따라가기에 우리가 말리려고 이곳까지 온 것입니다."
말이 끝나자 세 신령님은 어디론가 사라져버렸습니다. 숲 속에서 어리둥절한 유신은 절만 두 번하고 나왔습니다.

유신은 골화관에서 묵으면서 백석에게 말을 하였습니다.
"우리가 다른 나라에 가면서 중요한 문서를 잊고 왔구나."
"다시 집으로 돌아가 문서를 가지고 오자."
이렇게 말하고 백석을 데리고 집으로 돌아온 유신은 백석을 꽁꽁 묶어 놓고 따져 물었습니다.

백석은 사실대로 입을 열었습니다. 그리고 고구려의 조정대신들에게서 들은 이야기를 하기 시작합니다. 백석의 이야기는 다음과 같습니다.
고구려에서는 신통하게도 점을 잘치는 추남이라는 점쟁이가 있었다고 합니다. 어느 해에 고구려의 국경 지방에는 물이 거꾸로 거슬러 흘러가고 있어서 너무나 이상하여 왕은 추남에게 점을 치게 하였습니다. 추남은 왕비의 행실이 나쁘기 때문에 그런 일이 나타나는 것이라고 왕에게 아뢰었습니다.
왕이 점을 본 내용을 왕비에게 말하자 왕비는 펄쩍뛰며 화를 내었습니다.
"추남의 말은 요망한 여우의 말입니다. 추남은 진짜 점쟁이도 아니고

The Super Speed Reading

꾸며서 이야기한 것일 겁니다."

왕비의 말에 왕은 다시 한번 다른 일을 가지고 추남을 시험해 보기로 하였습니다. 그리고 쥐 한 마리를 상자 속에 넣고 추남에게 물었습니다.
"이 상자 속에는 무슨 물건이 들어 있겠느냐?"
"만약 알아맞추지 못하면 너를 죽이겠다."
왕의 물음에 추남은 조금도 주저하지 않고 대답하였습니다.
"그 상자 속에는 틀림없이 쥐가 들어 있사옵니다."
"그런데 8마리가 있습니다."

그 말을 들은 왕은 추남을 당장 죽이라고 신하들에게 명하였습니다. 그러자 추남은 "내가 죽으면 반드시 다른 나라의 대장으로 태어나 고구려를 꼭 멸망시키겠다"고 맹세하였습니다. 그 날, 추남은 죽고 말았습니다.

왕이 추남을 죽이고 쥐의 배를 갈라보니, 새끼가 7마리가 들어 있었습니다. 그 날 밤 왕은 꿈을 꾸었는데 이상하게도 죽은 추남의 영혼이 신라의 서현공 부인의 품으로 들어가는 것을 보았습니다. 왕은 신하들에게 꿈에 대하여 물어 보았습니다.

"추남이 죽기 전에 맹세한 것이 맞는 것 같습니다. 추남이 김유신으로 다시 태어난 것 같으니 반드시 죽여야 합니다."

그래서 고구려 조정에서는 백석을 신라에 보내어 김유신을 꾀어서 죽이려 했던 것이었습니다. 유신은 백석을 죽이고, 음식을 정성껏 차려서 자신을 구해 준 세 여자 신령님께 제사를 드렸습니다. 세 신령님들은 다시 나타나 제삿상을 받았다고 합니다. 그 후 김유신 장군은 당나라와 함께 백제와 고구려를 정벌하고, 삼국을 지배하려 했던 당나라를 물리치고, 삼국을 통일하는 큰 뜻을 이루고야 말았습니다. 김유신 장군이 세상을 떠나고 나서, 흥덕왕 때 나라에서는 김유신을 흥무대왕으로 추존하였습니다.

The Super Speed Reading

문제풀이

1. 아래 다섯 문제 중에서 3문제 이상을 맞추어야 합니다.
2. 틀린 문제는 다시 한 번 속독으로 읽으면서 확인하세요.
3. 반복하여 훈련, 소요 시간을 단축하세요.
4. 정답은 1회만 맞추어 보고, 2회 째부터 실전 속독 스피드 훈련만 하세요.

이해도 테스트 ## 김유신과 세 신령님

1. 김유신의 등에는 별 무늬가 여러 개 있다고 한다. 몇 개인가? (   )
   ① 5개   ② 6개   ③ 7개   ④ 8개

2. 유신은 적군의 동정을 살피기 위해 동행한 사람은 누구인가요? (   )
   ① 백성   ② 백석   ③ 백주   ④ 석백

3. 유신이 뒤를 따라온 신령님은 모두 몇 명인가 ? (   )

   ① 네 명   ② 두 명   ③ 한 명   ④ 세 명

4. 읽었던 내용에서 나오는 점쟁이의 이름을 어느 것인가요? (   )
   ① 미남   ② 추남   ③ 남추   ④ 미추

5. 왕이 점쟁이를 시험하기 위하여 상자 속에 쥐의 수를 물어봤을 때, 점쟁이는 몇 마리라고 하였나요? (   )
   ① 6마리   ② 7마리   ③ 8마리   ④ 9마리

김유신과 세 신령님 : 실전 속독 스피드 훈련 기록표

실력이 향상되도록 매회 소요 시간을 꼭 기록하세요.

1차 : 분 초	2차 : 분 초	3차 : 분 초
4차 : 분 초	5차 : 분 초	6차 : 분 초
7차 : 분 초	8차 : 분 초	9차 : 분 초
10차 : 분 초	11차 : 분 초	12차 : 분 초
13차 : 분 초	14차 : 분 초	15차 : 분 초
16차 : 분 초	17차 : 분 초	18차 : 분 초
19차 : 분 초	20차 : 분 초	21차 : 분 초
22차 : 분 초	23차 : 분 초	24차 : 분 초
25차 : 분 초	26차 : 분 초	27차 : 분 초
28차 : 분 초	29차 : 분 초	30차 : 분 초

The Super Speed Reading

실전 속독 이해도 테스트 ❻

토끼와 산비둘기

총 글자 수 : 727자

산토끼 한 마리가 개에게 쫓기고 있었다. 그러나 산토끼는 자기가 숲에서는 개보다 더 빠르다는 것을 알고 있었다. 그래서 산토끼는 전속력으로 집을 향해 달려갔다.

한참 달리다가 뒤를 돌아보니 개가 보이지 않았다. 산토끼는 개보다도 빠른 속도로 달릴 수 있는 자신에게 만족하여 우쭐한 마음으로 계속 달려갔다.

"내게는 날카로운 송곳니도 무시무시한 발톱도 없지만 누구보다도 빠른 발이 있으니 무서울 것 하나도 없어!"

이렇게 생각한 산토끼는 똑바로 자기 집을 향해 달려갔다.

그러나, 이번에는 개가 한 수 위였다. 번번이 산토끼를 놓쳤던 개는 산토끼가 전속력으로 들판을 크게 한 바퀴 돈 후에 항상 같은 구멍 속으로 들어간다는 것을 알고 있었다. 그 예민한 코로 이미 그 구멍을 찾아낸 개는 산토끼를 쫓아가는 척하다가 그만두고는 그 구멍 뒤에 숨어서 기다리고 있었다. 예상한 대로 산토끼는 들판을 크게 한 바퀴 돈 다음 쏜살같이 구멍을 향해서 달려왔다.

 기다리고 있던 개의 눈에는 산토끼가 마치 자기 입을 향해서 달려오는 것 같이 보였다. 불쌍한 산토끼는 이렇게 해서 개에게 잡히고 말았다.

 이때 위쪽에서 "고작 발이 조금 빠르다는 것만으로 우쭐댔기 때문이야." 하는 말이 들렸다. 개에게 잡힌 산토끼가 위를 쳐다보니 나무 위에 사는 산비둘기였다.

 "아무리 발이 빨라도 우리 새들에 비하면 별 것 아니지. 자기 분수를 알아야지. 그리고 너는 왜 잡혔는지 모르겠지만 네가 도망가는 모양을 하늘에서 보면 언제나 정해져 있었어. 그저 들판을 크게 한 바퀴 도는 것뿐이니 어느 개라도 곧 알아차리는 게 당연하잖아. 넌 정말 바보야."

 그때 더 위쪽에서 "그렇게 말하는 너는 뭐냐?" 하는 소리가 났다. 순간 한 마리의 큰 독수리가 쏜살같이 날아 내려와 예리한 발톱으로 산비둘기를 채 갔다. 빠른 다리를 가지고도 개에게 잡힌 산토끼, 산토끼보다 더 빠른 날개를 가졌지만 독수리에게 잡힌 산비둘기, 이들은 각각 남들에게는 없는 무기나 수단을 가졌다. 하지만 왜 잡아먹힌 것일까? 만일 그들을 사람에게 비유한다면 어떤 종류의 사람이라 할 수 있을까?

The Super Speed Reading

문제풀이

1. 아래 세 문제 중에서 2문제 이상을 맞추어야 합니다.
2. 틀린 문제는 다시 한 번 속독으로 읽으면서 확인하세요.
3. 반복하여 훈련, 소요 시간을 단축하세요.
4. 정답은 1회만 맞추어 보고, 2회 째부터 실전 속독 스피드 훈련만 하세요.

이해도 테스트 **토끼와 산비둘기**

1. 발빠른 산토끼를 쫓는 동물은? (   )
   ① 독수리   ② 개   ③ 비둘기   ④ 여우

2. 산토끼를 잡기 위하여 숨은 곳은? (   )
   ① 풀 속   ② 바위   ③ 구멍 뒤   ④ 나무 뒤

3. 나무 위에서 토끼에게 바보라고 말한 비둘기는 누구에게 잡혀갔나? (   )
   ① 늑대   ② 호랑이   ③ 뱀   ④ 독수리

토끼와 산비둘기 : 실전 속독 스피드 훈련 기록표

실력이 향상되도록 매회 소요 시간을 꼭 기록하세요.

1차 : 분 초	2차 : 분 초	3차 : 분 초
4차 : 분 초	5차 : 분 초	6차 : 분 초
7차 : 분 초	8차 : 분 초	9차 : 분 초
10차 : 분 초	11차 : 분 초	12차 : 분 초
13차 : 분 초	14차 : 분 초	15차 : 분 초
16차 : 분 초	17차 : 분 초	18차 : 분 초
19차 : 분 초	20차 : 분 초	21차 : 분 초
22차 : 분 초	23차 : 분 초	24차 : 분 초
25차 : 분 초	26차 : 분 초	27차 : 분 초
28차 : 분 초	29차 : 분 초	30차 : 분 초

The Super Speed Reading

토끼와 산비둘기 : 실전 속독 스피드 훈련 기록표

실력이 향상되도록 매회 소요 시간을 꼭 기록하세요.

31차 : 분 초	32차 : 분 초	33차 : 분 초
34차 : 분 초	35차 : 분 초	36차 : 분 초
37차 : 분 초	38차 : 분 초	39차 : 분 초
40차 : 분 초	41차 : 분 초	42차 : 분 초
43차 : 분 초	44차 : 분 초	45차 : 분 초
46차 : 분 초	47차 : 분 초	48차 : 분 초
49차 : 분 초	50차 : 분 초	51차 : 분 초
52차 : 분 초	53차 : 분 초	54차 : 분 초
55차 : 분 초	56차 : 분 초	57차 : 분 초
58차 : 분 초	59차 : 분 초	60차 : 분 초

부록

- 실전 속독 독해 능력 테스트표
- 속독 독해 훈련 테스트
- 초급 정답
- 제일 빠른 속독법 인증 급수표
- 독후감이란?
- 읽고 싶은 책 속독 이해도 측정 정답란
- 초등학교 1, 2, 3학년 권장 도서 목록

The Super Speed Reading

실전 속독 독해(讀解) 능력 테스트표
: 글을 빨리 읽으면서 이해함.

테스트 방법

1 1회 20문제, 소요 시간 3분 목표를 정해 놓고 아무리 늦어도 5분 이내 풀지 못한 문제는 합산(合算)하지 않는다.

2 3분 이내 다 풀고 만점이면 속독 고급(高級)이라 볼 수 있고, 1문제~2문제까지 틀리면 속독 상급(上級)이다.

3 3문제~4문제까지 틀리면 속독 중급(中級)이고, 5문제~8문제까지는 속독 하급(下級)에 속하나 속독(速讀) 독해(讀解) 능력이 전혀 없는 것이 아니라 능력은 있으나 조금 차이가 있을 뿐 무한한 가능성이 있는 소유자라고 볼 수 있다.

4 9문제 이상 틀리면 지독자(遲讀者)라 볼 수 있으나 꾸준한 노력과 훈련으로 누구나 속독자가 될 수 있다.

실전 속독 독해 훈련 테스트 ❶

총 20문제를 3분내 문제 답을 풀어야 한다

※ 3분 목표를 정해 놓고 아무리 늦어도 5분을 초과하면 안 된다.

1. 다음 책 중에서 가장 두꺼운 책은? (   )
   ① 국어 교과서   ② 사회 교과서   ③ 수학 교과서   ④ 국어사전

2. 조선시대에 세운 서울 도성 안의 사대문으로, 동서남북 중에 속하는 문은? (   )
   ① 광화문   ② 숭례문   ③ 대한문   ④ 독립문

3. 인절미, 순두부, 나물에서 연상되는 것은? (   )
   ① 찹쌀   ② 밀   ③ 콩   ④ 시금치

4. 다음은 "애국가"의 가사이다. 맨 마지막에 나오는 가사는 어떤 내용인가? (   )
   ① 동해물과 백두산이   ② 우리나라 만세.
   ③ 길이 보전하세.   ④ 마르고 닳도록

5. 한자에서 '父'는 아버지를 뜻하는 '아비 부'이다. 이 한자는 획이 몇 개 모여서 한자를 이루고 있나요? (   )
   ① 1획   ② 4획   ③ 3획   ④ 2획

6. 4월 5일은 식목일이고 5월 5일은 어린이날이다. 6월 6일은 애국선열과 국군장병들이 충절(忠節)을 추모하기 위해 국가가 정한 공휴일이다. 매년 6월 6일 각종 행사와 함께 대통령 이하 정부 요인들, 그리고 국민들이 국립묘지에서 참배한다. 이날 오전 10시에 사이렌 소리와 함께 전 국민은 1분간 경건히 묵념을 하며 선열들의 명복을 빈다. 이날의 명칭은? (   )
   ① 충성일   ② 광복절   ③ 제헌절   ④ 현충일

7. 열(10)의 열배(×10)는 백입니다. 그러면 백(100)의 열배(×10)는 몇입니까? (   )
   ① 천   ② 억   ③ 만   ④ 조

8. 우리나라의 인구는 오천만 명에 가깝습니다. 밑줄친 오천만을 숫자로 표기한다면 다음 중 어느 것인가요? (   )
   ① 50,000   ② 500   ③ 50,000,000   ④ 50

The Super Speed Reading

9. 동서남북을 사방이라고 합니다. 해는 동쪽에서 뜨고 서쪽으로 집니다. 해가 뜨는 것을 '해가 돋음, 해돋이' 라고 합니다. 한자어로 무엇이라고 합니까? (   )

① 일몰　　　② 일출　　　③ 해상　　　④ 해출

10. 북극은 지구의 가장 북쪽에 위치한 추운 곳입니다. 남극 지방에는 어떤 동물이 사나요? (   )

① 흰곰　　　② 물개　　　③ 사자　　　④ 펭귄

11. 최근 여러 미국 언론과의 인터뷰에서 "한국인들이 이 젓가락을 사용해 식사하기 때문에 고도의 집중력을 필요로 하는 연구에서 우수한 기술력을 발휘한다"고 했다. 이 젓가락 문화가 줄기세포 연구 성과의 밑거름이 됐다는 것이다. 이 젓가락은 어떤 젓가락인가? (   )

① 쇠젓가락　　　② 나무 젓가락　　　③ 도자기젓가락　　　④ 포크

12. 하은이는 김포공항 근처에 살고 있습니다. 서울 종로에 사는 이모댁에 놀러가려고 합니다. 제일 빨리 갈 수 없는 교통수단은? (   )

① 버스　　　② 택시　　　③ 지하철　　　④ 비행기

13. 우리 가족은 나에게 한자공부를 지도해 주시는 조부님과 부모님 그리고 여동생이 있습니다. 우리 가족은 몇 명입니까? (   )

① 4명　　　② 6명　　　③ 5명　　　④ 7명

14. 학교 수업시간에 수영이는 휴대전화기를 갖고 있습니다. 수업시간에 휴대전화 예절로 바른 것은? (   )

① 선생님 몰래 친구에게 문자를 보낸다.
② 미리 핸드폰을 꺼놓는다.
③ 선생님 몰래 조용히 통화하면 괜찮다.
④ 선생님 옷이 멋있어서 사진을 찍는다.

15. 수민이는 학교에서 돌아오는 길에 집 앞에 강아지 한 마리가 힘없이 누워 있는 것을 보았습니다. 강아지 다리에는 상처가 나 있었습니다. 수민이는 주위를 둘러보며 주인을 찾아보았지만 아무도 없었습니다. 다음 중 수민이가 해야 할 행동 중 올바르지 않은 것은? (   )

① 강아지의 상처에 약을 발라 주고 우유를 먹여 주었다.
② 강아지를 데리고 파출소에 가서 주인을 찾아달라고 했다.
③ 강아지를 싫어해 집 앞에서 멀리 떨어져 있으라고 발로 차버렸다.
④ 집으로 데리고 가서 어머니께 말씀드려 주인을 찾아주었다.

16. 국화(國花)는 한 나라의 상징으로, 그 나라 사람이 가장 사랑하고 아끼는 꽃이다. 영국의 장미, 일본의 벚꽃 등이 있다. 우리나라 국화는 어떤 꽃인가? (   )
① 개나리　　　② 무궁화　　　③ 해바라기　　　④ 국화

17. 생활 쓰레기는 환경오염의 주범입니다. 쓰레기로 인해 오염되면 살 곳을 잃게 됩니다. 그러므로 쓰레기는 우리 생활에 많은 영향을 미치고 있습니다. 분리수거를 한다면 환경오염도 줄이고 생활 환경도 쾌적하게 할 수 있습니다. 다음 중 재활용 수거 대상이 아닌 것은? (   )
① 신문지　　　② 음료수 병　　　③ 도자기　　　④ 과자봉지

18. 성공한 사람들은 책을 많이 읽었다고 합니다. 독서하는 태도 중 올바르지 않은 것은? (   )
① 매일 아침 시간을 정해 놓고 책을 읽는다.
② 독서일기나 독후감 등 독서 기록장에 메모를 한다.
③ 학습만화책은 도움이 된다.
④ 나는 늘 새 책을 사달라고 조른다.

19. 공부 방법을 알면 효율적인 학습을 할 수 있다. 1시간을 공부하더라도 집중력 있게 공부하는 것이 중요하다. 다음 중 올바른 학습 태도가 아닌 것은? (   )
① 교과서를 통째로 외우려고 처음부터 교과서에 붉은 필기구로 줄을 다 그어 놓는다.
② 교과서의 공부하는 순서를 정해 놓고 한다.
③ 눈과 귀, 손 등 모든 신체기관을 통해 기억을 잘 할 수 있게 한다.
④ 책상 위에 정리정돈으로 공부할 수 있는 최적의 환경을 만든다.

20. 영철이는 밤늦게 학원에서 돌아옵니다. 초인종을 누르면 어머니는 문을 열어 주시고, 아버지는 거실에서 신문을 보고 계십니다.
다음 중 어떤 행동이 옳은 것인가요? (   )
① 너무 피곤하니 자기 방으로 그냥 들어가 버립니다.
② 아버지는 신문을 보시고 계시니 방해될까봐 모른척 하고 지나칩니다.
③ 부모님께 정확히 들리도록 "다녀왔습니다"라고 인사합니다.
④ 문을 늦게 열어 줬다고 어머니께 짜증내고 들어가 버립니다.

The Super Speed Reading

초급 정답

각자 아래 정답을 맞추어 보세요.

속독 훈련을 위한 바른 자세 정답
1. 예 2. 예 3. 예 4. 예 5. 예
6. 예 7. 예 8. 아니오 9. 예 10. 예

속독과 독서력 향상을 위한 나의 진단 정답
1. 아니오 2. 아니오 3. 아니오 4. 예 5. 아니오
6. 아니오 7. 아니오 8. 예 9. 아니오 10. 예 11. 예

한 글자 단어 정답 (1글자 단어 인지)

소 : 19개	말 : 18개	개 : 21개	양 : 18개	책 : 20개
감 : 17개	닭 : 20개	눈 : 20개	코 : 19개	용 : 18개
차 : 20개	밤 : 17개	콩 : 19개	산 : 19개	곰 : 20개

속독 독해 훈련 테스트 정답
1. ④ 2. ② 3. ③ 4. ③ 5. ② 6. ④ 7. ① 8. ③ 9. ②
10. ④ 11. ① 12. ④ 13. ③ 14. ② 15. ③ 16. ② 17. ③ 18. ④
19. ① 20. ③

이해도 테스트 정답

1. 단군신화   1. ② 2. ③ 3. ② 4. ④ 5. ① 6. ③ 7. ②
2. 여우와 꼬리   1. ③ 2. ② 3. ④
3. 고구려의 시조 동명성왕 1. ③ 2. ② 3. ① 4. ③ 5. ④
4. 농부와 아들들   1. ④ 2. ③
5. 김유신과 세 신령님 1. ③ 2. ② 3. ④ 4. ② 5. ③
6. 토끼와 산비둘기 1. ② 2. ③ 3. ④

* 지금까지 속독 훈련은 1단계 속독법 초급과정입니다.
다음은 중급 단계로 올라가 2단계(4줄, 5줄 훈련) 교재로 열심히 훈련하시기 바랍니다.

제일 빠른 속독법 인증 급수표

각 급수별로 1분당 글자 수를 기준으로 하고 이해능력 테스트를 70% 이상을 합격으로 합니다. 책을 아무리 빨리 읽었어도 문제 풀기에서 70점 이하이면 불합격으로 합니다.

1분간 읽은 글자 수 산출 공식

$$\frac{총\ 글자\ 수}{소요\ 시간(초)} \times 60$$

총 글자 수 ÷ 소요 시간(초) × 60

초등생 속독법 급수 평가하기

분류	급수	1분당 글자 수
속독 고급	1급	2,501~3,000글자 이상
	2급	2,001~2,500글자 사이
속독 상급	3급	1,501~2,000글자 사이
	4급	1,201~1,500 글자 사이
속독 중급	5급	901~1,200글자 사이
	6급	701~900글자 사이
속독 하급	7급	501~700글자 사이
	8급	301~500글자 사이

❖ 이해도 테스트는 학년별 수준에 맞는 책으로 합니다.
❖ 한번도 읽어보지 않은 책으로 측정합니다.
❖ 저학년은 창작동화 수준의 책으로 합니다.

The Super Speed Reading

읽고싶은 책 속독 이해도 측정 정답란

번호	읽을 책 제목				총 글자 수	소요 시간	이해도(%)	분당 글자 수	
1									
답	①	②	③	④	⑤	⑥	⑦	⑧	⑨	⑩
2									
답	①	②	③	④	⑤	⑥	⑦	⑧	⑨	⑩
3									
답	①	②	③	④	⑤	⑥	⑦	⑧	⑨	⑩
4									
답	①	②	③	④	⑤	⑥	⑦	⑧	⑨	⑩
5									
답	①	②	③	④	⑤	⑥	⑦	⑧	⑨	⑩
6									
답	①	②	③	④	⑤	⑥	⑦	⑧	⑨	⑩
7									
답	①	②	③	④	⑤	⑥	⑦	⑧	⑨	⑩
8									
답	①	②	③	④	⑤	⑥	⑦	⑧	⑨	⑩
9									
답	①	②	③	④	⑤	⑥	⑦	⑧	⑨	⑩

독후감(讀後感)이란?

- 책을 읽고 난 뒤에 그 느낌이나 나의 생각을 글로 적는 것이다.

1. 책을 읽고 줄거리를 요약해서 적는 것이 아니라 자기의 생각과 느낌을 곁들여서 새롭게 표현하여 쓰는 것이다.
2. 글 제목을 붙이고 어떤 형식으로 쓸 것인지 결정한다.
3. 줄거리와 감명 받은 내용과 나의 느낌을 혼합해서 쓴다.
4. 작품을 읽고 전체 내용을 골고루 넣어서 답하여 쓴다.
5. 인상 깊은 구절이나 감동적인 부분을 부각시켜 쓴다.
6. 깨달은 점이나 느낀 점 또는 결심 등으로 마무리한다.
7. 독후감의 형식에는 일기 형식, 편지 형식, 시 형식 등이 있다.

어려서부터 책을 많이 읽고 독후감을 쓰는 습관을 생활화하여 두뇌 속에 풍부한 지식이 넘쳐나도록 우리 모두가 독서를 열심히 합시다.

책을 읽고 나서 꼭 독후감을 쓰는 습관을 기르자!

The Super Speed Reading

1 초등학교 학년 권장 도서 목록

〈서울시 교육청 선정〉

1. 심심해서 그랬어
2. 팥죽할머니와 호랑이
3. 어린 음악가 폭스트롯
4. 도깨비와 범벅장수
5. 우리 순이 어디 가니
6. 누구야 누구
7. 1학년 동시 읽기
8. 저학년을 위한 동요동시집
9. 꽃이 파리가 된 나비
10. 벽시계와 뻐꾹 시계
11. 셜리야, 목욕은 이제 그만
12. 1학년이 쓴 일기
13. 무지개 물고기
14. 무지개 물고기와 흰 수염고래
15. 날 좀 도와줘, 무지개 물고기
16. 우리 아빠는 내 친구
17. 감자꽃
18. 강아지 똥
19. 수학 동화
20. 개념수학
21. 나, 학교 안 갈래!
22. 선생님은 모르는 게 너무 많아
23. 숨 쉬는 도시 꾸리찌바
24. 충치 도깨비 달달이와 콤콤이
25. 난 착한 아이가 되기 싫어
26. 24시 자연의 세계
27. 세상의 낮과 밤
28. 땅속 생물 이야기
29. 곤충 사진 화보
30. 열려라 곤충나라
31. 여름 음식
32. 좋은 습관을 길러 주는 생활과학 만화
33. 어린이 교통안전
34. 삐약이 가족의 하루
35. 곤충 도감
36. 흥부놀부
37. 해와 달이 된 오누이
38. 도깨비 방망이
39. 토끼와 거북
40. 곰 사냥을 떠나자
41. 도깨비를 빨아 버린 우리 엄마
42. 똘배가 보고 온 달나라
43. 똥 똥 귀한 똥
44. 똥 뿌직!
45. 똥은 참 대단해
46. 사자똥이 뿌직
47. 똥벼락
48. 오소리네 집 꽃밭
49. 까치와 소담이의 수수께끼 놀이
50. 저학년 수수께끼
51. 우리 할아버지가 꼭 나만했을 때
52. 춤추는 호랑이
53. 우리 옛 이야기
54. 까치와 호랑이와 토끼
55. 1학년 수학 동화
56. 호랑이와 곶감
57. 호랑이 잡은 피리
58. 호랑이 뱃속 구경
59. 동물 백과사전
60. 곤충 일기
61. 동물원 친구와 곤충 이야기
62. 세밀화로 보는 곤충의 생활
63. 개구리가 알을 낳았어
64. 개미가 날아 올랐어
65. 곤충들의 나라
66. 캥거루는 왜 주머니를 가지고 있을까요
67. 흉내내는 말이 들어있는 책
68. 바빠요 바빠
69. 1학년을 위한 우수 동시
70. 쉿 쉿
71. 훨 훨 날아간다
72. 아름다운 사계절 열두 달 우리 민속
73. 전래놀이 101가지
74. 인터넷 검색 자료
75. 수수께끼 책
76. 수수께끼 카드
77. 친구 없이는 못살아
78. 해찬이의 학교 예절 배우기
79. 놀이터를 만들어 주세요
80. 반딧불이 똥구멍에서 빛이나
81. 샛별이랑 한별이의 사회 예절 배우기
82. 우리 명절 우리 놀이
83. 내 이름은 나답게
84. 우리 민속 도감
85. 과학을 꿀꺽 해버린 동화
86. 꼬마 교수 자연교실
87. 누가 누굴 먹는거야

2 초등학교 학년 권장 도서 목록

〈서울시 교육청 선정〉

1. 변호사와 함께 보는 옛이야기 명판결
2. 아름다운 책
3. 책을 먹는 여우
4. 책읽기 좋아하는 할머니
5. 도서관이 정말 좋아요
6. 신비한 우주
7. 우리가 사는 지구
8. 살아 있는 땅
9. 우리를 둘러싼 공기
10. 우주 탐험
11. 어린이 동물 도감
12. 누가 무지개를 그렸지?
13. 물꼬 할머니의 물 사랑
14. 두꺼비, 파브르 곤충기
15. 코끼리 코는 왜 길까?
16. 저학년 동시집
17. 제비들의 말
18. 코끼리
19. 병아리
20. 기린 하곤
21. 토끼 식구
22. 알에서 태어난 임금님 (삼국유사)
23. 단군 신화
24. 하늘이 내린 시조 임금님들
25. 호랑이보다 무서운 곶감
26. 견우와 직녀
27. 두 마리의 염소
28. 꾀 많은 여우
29. 교과서 이솝 우화
30. 노래 도둑
31. 갯벌에 뭐가 사나 볼래요
32. 옛이야기 들려주기
33. 우리가 정말 알아야 할 우리 옛이야기 백 가지
34. 가슴 뭉클한 옛날 이야기
35. 민수의 책 읽는 자세
36. 두 친구
37. 우주 여행
38. 자갈을 모으는 어름치
39. 참새네 말 참새네 글
40. 해님과 강아지
41. 여우와 두루미
42. 갯벌이 좋아요
43. 눈높이 수학 학습 동화
44. 사람이 되지 못한 호랑이의 사연
45. 놀다 보면 수학을 발견해요
46. 개념 수학
47. 엉뚱이 소피의 못 말리는 패션
48. 나야, 뭉치 도깨비야
49. 나는 잡동사니 대장
50. 루이즈는 나쁜 말을 해요
51. 새 친구가 이사왔어요
52. 고맙습니다, 선생님
53. 나무는 좋다
54. 민들레
55. 사과와 나비
56. 만희네 집
57. 동물들의 집짓기
58. 함께 살아가기
59. 신나는 스쿨 버스
60. 키즈 15 : 무지개 이야기
61. 솔이의 추석 이야기
62. 신나는 열두 달 명절 이야기
63. 손 큰 할머니의 만두 이야기
64. 어린이 식물도감
65. 날아라 풀씨야
66. 풀꽃과 친구가 되었어요
67. 보리 어린이 동물 도감
68. 옛 이야기 명판결 1,2한년
69. 은혜를 갚은 호랑이
70. 1,2학년 교과서 문학 읽기
71. 호랑이 뱃속 구경
72. 호랑이 뱃속에서 고래잡기
73. 나무꾼과 선녀
74. 호랑이 등에 걸터앉은 소년
75. 네 맘은 그래도 엄마는 이런게 좋아
76. 엄마 맘은 그래도 난 이런게 좋아
77. 풍년 고드름
78. 인형이 가져온 편지
79. 농부와 세 아들
80. 조약돌
81. 나무꾼과 선녀
82. 우리 겨레의 옛날 이야기 1
83. 우렁 각시 이야기
84. 엄마의 부탁
85. 의좋은 형제
86. 혼자서도 할 수 있어요
87. 쓰레기를 먹는 공룡
88. 꼭 알아야 할 교통질서
89. 사고 뭉치 북한 박사
90. 세밀화로 그린 나무 동화
91. 쉽게 찾는 우리 나무
92. 2학년 과학 동화
93. 지구의 봄 여름 가을 겨울
94. 죽은 나무가 다시 살아났어요
95. 민속놀이

The Super Speed Reading

3 초등학교 학년 권장 도서 목록

〈서울시 교육청 선정〉

1. 당나귀 알
2. 나쁜 어린이 표
3. 엄마를 위하여
4. 뛰어라 메뚜기
5. 초대 받은 아이들
6. 강아지 똥
7. 파란 마음 하얀 마음
8. 별이 내리는 집
9. 허수아비도 깍꿀로 덕새를 넘고
10. 견우와 직녀
11. 시계 속으로 들어간 아이들
12. 꿈을 찍는 사진관
13. 안데르센 동화집
14. 흥부 놀부
15. 토끼와 거북
16. 속담풀이
17. 아기참새 찌구
18. 빨간 우체통
19. 전정한 용기가 필요해
20. 콩쥐 팥쥐
21. 책 벌레가 된 도깨비
22. 꼭 하고 말테야
23. 이순신
24. 난중일기
25. 강감찬
26. 나는야 탐험가 쿤쿤
27. 3, 4학년이 읽고 싶은 낭송 동시집
28. 우리가 사는 도시 탐험
29. 재미있는 은평 이야기 (고장별로 참고 자료 변경 가능)
30. 지하철로 떠나는 365일 현장 학습 기행
31. 365일 우리 집 식단
32. 신나는 열두 달 명절 이야기
33. 우리 명절에는 어떤 이야기가 숨어 있을까
34. 직업의 세계
35. 알쏭달쏭 직업 이야기 51
36. 옛날엔 이런 직업이 있었대요
37. 로빈슨 크루소
38. 시골 장터 이야기
39. 돌고 도는 돈
40. 교과서 속에서 쏙쏙 뽑은 가족 여행기
41. 꼭 알아야 할 교통 질서
42. 3학년 수학이랑 악수해요
43. 우리 수학놀이 하자
44. 삼각형
45. 수학은 너무 어려워
46. 롱롱이의 기상학 교실
47. 변덕쟁이 날씨
48. 날씨 점쟁이
49. 재미있는 물 이야기
50. 인류 최초의 문명
51. 살아있는 땅
52. 민요 기행
53. 신데렐라
54. 어린이 백과사전
55. 곤충박물관
56. 몽당연필 속의 나라
57. 내 짝꿍 최영대
58. 너하고 안 놀아
59. 너랑 놀고 싶어
60. 아낌없이 주는 나무
61. 심청전
62. 선녀와 나무꾼
63. 새로 찾은 우리 신화
64. 별주부전
65. 이솝 이야기
66. 개미가 된 아이
67. 멸치의 꿈
68. 힘센 농부
69. 우리 겨레의 옛날 이야기
70. 바위나리와 아기별
71. 쓸 만한 아이
72. 아라비안 나이트
73. 난 황금 알을 낳을거야
74. 강아지 똥
75. 걸리버 여행기
76. 섬마을에 뜨는 별
77. 톰 소여의 모험
78. 보물섬
79. 참 좋은 동화
80. 짧아진 바지
81. 아! 그렇구나 우리 역사
82. 옛날 사람들은 어떻게 살았을까
83. 사진으로 보는 조선 시대 생활과 풍속
84. 처음 읽는 우리 역사
85. 언어와 통신
86. 교통,통신의 발달
87. 재미있는 어린이 놀이
88. 한국 전래 어린이 놀이
89. 열두 달 풍속놀이
90. 신경림 민요 이야기 민요기행
91. 광혼상제 재미있는 옛날 풍습
92. 관혼상제 가정의례백과
93. 사진으로 배우는 관혼상제
94. 처음 읽는 우리 역사
95. 사각형
96. 소녀 그리고 셈할 줄 아는 이들을 위한 수학
97. 아라비안 나이트
98. 밥상 위에 오른 수학
99. 3한년 수학이랑 악수해
100. 숲은 어떻게 말들어지는가
101. 세밀화로 그린 나무도감
102. 척척박사 과학교실

성안당 추천도서

공부법 · 속독법 · 연상 기억법 도서

속독법·기억법
동영상 강좌 교재
bm.cyber.co.kr

빨리 읽게 되고
오래 기억되는
**속독 · 기억의
공부기술**

손동조 지음 | 288쪽 | 18,000원

속독법·기억법
동영상 강좌 교재
bm.cyber.co.kr

기억법 공식 훈련
학습법 가이드
**초스피드
기억법**

손동조 지음 · 손주남 감수 | 512쪽 | 25,000원

공간지각
1,000개 기억 공식편
**천 개 공식
연상 기억법**

손동조 지음 | 352쪽 | 28,000원

속독법·기억법
동영상 강좌 교재
bm.cyber.co.kr

맵핑으로 바로 외우고
오래 기억하는
**한자 연상
기억술**

손동조 지음 · 손주남 감수 | 304쪽 | 18,000원

속독법·기억법
동영상 강좌 교재
bm.cyber.co.kr

그림으로
쉽고 빠르게 기억하는
**스크린 영단어
연상 기억술**

손동조 지음 · 박채수 그림 | 304쪽 | 18,000원

**한국두뇌개발교육원
손동조 원장의 출간 도서**

글씨 교정법 도서

하루 10분
연습으로 완성하는
**한글 연필글씨
교정법**

손동조 지음 | 160쪽 | 13,000원

빠르고 정확하게
쓰기 위한
**악필 볼펜글씨
교정 기억법**

손동조 지음 | 208쪽 | 12,000원

정확히 기록하고
전달하기 위한
**의학·인체 해부학
용어 필기체 쓰기**

손동조 지음 | 136쪽 | 12,000원

BM 성안당   http://www.cyber.co.kr

121-838 서울시 마포구 양화로 127 첨단빌딩 5층(출판기획 R&D 센터) T.02.3142.0036
413-120 경기도 파주시 문발로 112 출판도시(제작 및 물류) T.031.950.6300

Foreign Copyright:
Joonwon Lee
Address: 13F,127, Yanghwa-ro, Mapo-gu, Seoul, Republic of
        Korea 3rd Floor
Telephone: 82-2-3142-4151
E-mail: jwlee@cyber.co.kr

제일 빠른 **속독법** 그대로 따라하기 `초급`

2005. 10. 10. 초 판 1쇄 발행
2006. 5. 19. 개정 1판 1쇄 발행
2018. 8. 20. 개정 1판 8쇄 발행
2022. 4. 6. 개정 1판 9쇄 발행

저자와의
협의하에
검인생략

지은이 | 손동조
펴낸이 | 이종춘
펴낸곳 | BM (주)도서출판 성안당

주소 | 04032 서울시 마포구 양화로 127 첨단빌딩 3층(출판기획 R&D 센터)
     | 10881 경기도 파주시 문발로 112 파주 출판 문화도시(제작 및 물류)
전화 | 02) 3142-0036
     | 031) 950-6300
팩스 | 031) 955-0510
등록 | 1973. 2. 1. 제406-2005-000046호
출판사 홈페이지 | www.cyber.co.kr
ISBN | 978-89-315-8075-4 (13010)
정가 | 18,000원

이 책을 만든 사람들
책임 | 최옥현
진행 | 정지현
표지 디자인 | 박현정
홍보 | 김계향, 이보람, 유미나, 서세원
국제부 | 이선민, 조혜란, 권수경
마케팅 | 구본철, 차정욱, 나진호, 이동후, 강호묵
마케팅 지원 | 장상범, 박지연
제작 | 김유석

이 책의 어느 부분도 저작권자나 BM (주)도서출판 성안당 발행인의 승인 문서 없이 일부 또는 전부를 사진 복사나 디스크 복사 및 기타 정보 재생 시스템을 비롯하여 현재 알려지거나 향후 발명될 어떤 전기적, 기계적 또는 다른 수단을 통해 복사하거나 재생하거나 이용할 수 없음.

■ 도서 A/S 안내

성안당에서 발행하는 모든 도서는 저자와 출판사, 그리고 독자가 함께 만들어 나갑니다.
좋은 책을 펴내기 위해 많은 노력을 기울이고 있습니다. 혹시라도 내용상의 오류나 오탈자 등이 발견되면 **"좋은 책은 나라의 보배"**로서 우리 모두가 함께 만들어 간다는 마음으로 연락주시기 바랍니다. 수정 보완하여 더 나은 책이 되도록 최선을 다하겠습니다.
성안당은 늘 독자 여러분들의 소중한 의견을 기다리고 있습니다. 좋은 의견을 보내주시는 분께는 성안당 쇼핑몰의 포인트(3,000포인트)를 적립해 드립니다.
잘못 만들어진 책이나 부록 등이 파손된 경우에는 교환해 드립니다.